A OSTRA E A PÉROLA

DEOCLEIDE BRITOS

UNDERLINE
PUBLISHING

ISBN-13: 978-1-949868-45-6

Revisão: Beatrice Martins

1ª edição, 2021

Publicado por Underline Publishing LLC
www.underlinepublishing.com

"Isto vos mando: Que vos ameis uns aos outros."
João 15:17.

Dedico esse livro ao meu amado esposo Amilton e Wesley
meu filho querido que apoiam meus projetos e tornam meus
sonhos realidade, e que sempre encontram tempo em meio às
suas rotinas para a qualquer momento me abraçar e dizer
"calma, vai dar tudo certo. Estamos aqui para te apoiar".
Eles são as pérolas mais preciosas que tenho... A todos meus
amigos que não tiveram medo de conhecer a minha dor
quando eu imaginava que era somente uma "ostra".

ÍNDICE

PREFÁCIO 1

Depois de viver por alguns anos, percebi que a minha vida foi marcada por momentos de intensa felicidade, e por outros, ainda que menores, de sofrimento. Ainda na infância ao receber alguma notícia triste me via logo chorando ou me perguntando o por que de estar vivendo aquele momento. Sim! Crescemos aprendendo com precisão diferenciar a dor da alegria, a paz de espírito do conflito interior, a lágrima sofrida daquela de emoção e felicidade.

Jesus, nosso eterno mestre disse certa vez: *"No mundo, passais por aflições; mas tende bom ânimo; eu venci o mundo"* Jó 16:33b. Todos os discípulos do mestre Jesus deveriam saber que dias de dor e sofrimento fazem e farão sempre parte de suas vidas neste mundo, e, portanto, não se iludirem com falsas expectativas e esperanças de que foram imunizados e passarão incólumes aos dissabores da existência.

É verdade, *"Tudo tem o seu tempo determinado, e há tempo para todo o propósito debaixo do céu; há tempo de nascer e tempo de morrer; tempo de plantar e tempo de arrancar o que se plantou; tempo de matar e tempo de curar; tempo de derribar e tempo de edificar; tempo de chorar e tempo de rir; tempo de prantear e tempo de saltar de alegria; tempo de espalhar pedras e tempo de ajuntar pedras; tempo de abraçar e tempo de afastar-se de abraçar; tempo de buscar e tempo de perder; tempo de guardar e tempo de deitar fora; tempo de rasgar e tempo de coser; tempo de estar calado e tempo de falar; tempo de amar e tempo de aborrecer; tempo de guerra e tempo de paz"*, disse o velho sábio Salomão em seu livro de Eclesiastes 3:1-8.

É claro que a vida não é só sofrimento e dor! O prazer de viver parece ser inato à nossa existência, a alegria do nascimento de uma criança e o testemunho de vê-la crescendo e descobrindo as coisas a sua volta; as graduações e conquistas estudantis e consequentemente conquistas profissionais, econômicas e financeiras; a alegria e o prazer de se casar e formar uma família; um presente recebido; um abraço caloroso cheio de ternura e amizade; uma boa música com um bom livro; poesias, sorrisos; toques; cheiros; paisagens; ou até mesmo ficar com quem se ama sem falar nada, fazer nada, simplesmente pelo prazer e alegria que nos dá estar perto de quem amamos. Devemos sim celebrar a vida todos os dias! Até mesmo porque serão estes dias intensos de celebração que virão à nossa memória e nos darão a força que precisaremos quando os dias se acinzentarem.

Certa vez encontrei-me fortuitamente com o Rev. Júlio Ferreira de Andrade que chegou e se assentou ao meu lado na ultima fileira de bancos de uma igreja na cidade de Campinas. Logo perguntou qual era o meu nome e logo o respondi. Então veio a próxima pergunta: Você sabe qual a origem etimológica do seu nome que pode nos sugerir um significado para ele? Ao responder que não, ele me disse: "Sandro vem de sândalo, uma árvore originária da Índia que quanto mais ferida mais exala o seu bom perfume".

Deocleide Britos, com este novo livro "A Ostra e a Pérola" narra dentre parte de sua própria história, histórias de vidas feridas com os dissabores da existência, por razões diferentes, sofrimentos gratuitos naturalmente explicáveis ou inexplicáveis, e até mesmo aqueles provocados consciente ou inconscientemente com escolhas erradas, sofrimentos que reconhecemos com humildade sermos merecedores deles ou aqueles que enquanto choramos reivindicamos a nós, aos outros e até mesmo a Deus o não sermos merecedores de tamanha dor.

A história de José do Egito nos é contada do capítulo 37 ao capítulo 50 do livro de Gênesis na Bíblia Sagrada. Você pode lê-la lá. Mas a menciono apenas para chamar sua atenção querido leitor, que Deus o criador tem propósitos que se cumprirão levando muitos de nós para transitarmos no vale da sombra e da morte, no deserto, sozinhos ou acompanhados, feridos, para que possamos ser encontrados, quem sabe, lapidados, como lindos tesouros, diamantes, pérolas, que por fim, no tempo de Deus, enfeitarão a vida de muitos, dando-lhes sentido e trazendo-lhes esperança e fé, a nossa fé, a fé que vence o mundo. José talvez não tivesse entendido o porque fora maltratado, ferido e vendido como propriedade material, um escravo, pelos seus próprios irmãos. Entretanto, quanto mais sua história piorava chegando ao ponto de ser preso injustamente, Deus estava construindo a rampa do palácio na qual ele subiria, quem sabe a sala oval onde ele teria seu escritório, simplesmente por que em cada etapa da sua vida de sofrimento, Deus o preparava para se tornar a maior autoridade abaixo de Faraó naquela nação. Apenas para o exaltar? Não! A resposta é que Deus escrevia aquela história de vida para preservar e fazer crescer o seu próprio povo para que a promessa feita a Abraão lá no passado, e mesmo a declaração do Senhor no Éden em Gênesis 3:15, mais adiante se cumprisse com a chegada do Messias, Jesus, nosso mestre, nosso Senhor e Salvador. Emanuel, que é Deus presente na vida daqueles que nele creem e o receberam, em todos os momentos da existência, enquanto ostras feridas, enquanto pérolas abençoadas e abençoadoras.

Me deliciei com cada capítulo, com cada história compartilhada, senti raiva às vezes, me emocionei e até chorei. Essa é a capacidade ou dom que Deus deu à nossa irmã na fé e companheira de ministério Deo, de escrever, de nos prender com sua palavra, de nos ensinar, de nos levar a reflexão, de aumentar a nossa fé e esperança e de nos dar a certeza que, se em algum momento nos encontrarmos em dor, certamente, mais uma pérola está sendo produzida para encantar a muitos e glorificar a Deus!

A você leitor, delicie-se como eu o fiz!

Boa leitura!

Rev. Sandro Ferreira
Senior Pastor da Igreja Presbiteriana
Nova Esperança / Orlando.

PREFÁCIO 2

A pérola é produzida dentro de uma ostra, e isso acontece em resposta à irritação provocada por um corpo estranho, em outras palavras, podemos dizer que elas são resultado de um desconforto e de uma dor. Só é capaz de produzir uma pérola aquela ostra que, diante da dificuldade, não se permitiu ficar no modo passivo, mas de maneira ativa se posicionou.

Esse título nos faz refletir sobre a dimensão que a dor do luto produz em nós seres humanos. Não fomos criados para esse momento de separação e, por isso, pouco importa todas as dificuldades que antecedem ao luto, nunca estamos completamente preparados para enfrentá-lo.

Da mesma forma que a formação de uma pérola tem seu tempo, assim o é o processo de luto. A dor da perda de um amado (a) é bem semelhante a areia que penetra a ostra, é invasiva, intrusa. O que nos resta então é escolher o que faremos com aquela dor. Estudos comprovam que nem todos os moluscos tem a capacidade de produzir uma pérola e, da mesma forma, nem todas as pessoas que enfrentam o luto conseguem usá-lo para produzir algo precioso.

Posso dizer com propriedade e sem medo algum de errar que a Deo é o exemplo de pessoa que enfrentou o luto corajosamente e que conseguiu extrair deste momento pedras preciosas. Não há dor maior do que a de uma mãe enterrar o seu filho (a).

Perder a mãe ou o pai traz uma dor imensurável. É, muitas vezes, como se tirassem seu chão e sua história, de alguma forma, fosse apagada.

É uma dor tão forte que nos tira o fôlego mas, por mais difícil que seja, é a lei natural da vida. O contrario, no entanto é dilacerante. Quando uma mãe perde seu (sua) filho (a), perde parte de si. Vai com ele (a) sonhos e planos. É como se uma parte do seu próprio corpo fosse amputada.

Déo vivenciou essa imensa dor e ainda vive, pois o luto traz marcas irreparáveis. Viveu cada fase dela, mas resolveu enfrentar tudo de cabeça erguida; frutificando em vários aspectos.

Podemos dizer que à partida da Sarinha é como o versículo 24 do capítulo 12 do evangelho de João. Jesus ali afirma... "se o grão de trigo, caindo na terra, não morrer, fica ele só; mas, se morrer, produz muito fruto". Sua partida não foi em vão, tão pouco foi sua vida. O Senhor a formou e a recolheu com um propósito.

Por mais que não entendamos todo o agir de Deus, sabemos que Ele, em sua capacidade suprema de transformar o negativo em positivo, usou essa circunstância para trazer muitas coisas boas.

Sabemos que nossa vida não se resume a este plano terreno, cremos em uma vida eterna. E, por isso, sabemos que um dia nos reencontraremos com nossos amados. Sarah não morreu, ela apenas mudou de endereço.

Déo vive todos os dias firme na força do Senhor, pois é Deus quem a mantém de pé. Seu trabalho sempre tão relevante e significativo na igreja, na AME (Associação de Mulheres Empreendedoras) e na comunidade em geral traz um testemunho de fé.

Com certeza, vive seus dias de maneira internacional, aguardando o dia em que estará na casa do pai e ao lado de seus amados. Mas caminha nesta terra de tal forma que possa produzir o maior número de frutos possíveis e espalhar pérolas pelo caminho.

Renata Loyola
Diretora da Associação de Mulheres Empreendedoras/Orlando
Pastora da GFC Orlando
Apresentadora do Canal Brasileiras em Orlando

GRATIDÃO

Por que parece ser tão mais fácil reclamar da vida? Por que temos uma certa tendência à insatisfação e a achar que estamos muito longe de tudo aquilo que sonhamos. Por que a grama do vizinho parece ser tão mais verde do que a nossa? Será que é tão difícil olhar para a nossa vida e para nós com o mesmo olhar que lançamos para os outros?

Nós precisamos aprender a ter orgulho do que somos, do que fazemos e do que temos. Precisamos ser menos críticos e menos cruéis em relação a nós mesmos, precisamos saber relevar as nossas falhas e fraquezas e saber celebrar as pequenas conquistas diárias. Os nossos dias são feitos de pequenos passos e é através deles que vamos chegar onde queremos.

É com este olhar generoso sobre mim e sobre a minha vida que eu sou grata todos os dias por cada pessoa que aceitou contar sua história, e por tantos amigos que me motivaram a prosseguir. Especialmente por meu marido Amilton e meu filho Wesley pelo apoio incondicional, pelas palavras sábias, pelo sorriso amigo e pelo abraço reconfortante.

Eu agradeço a Deus tudo o que eu alcancei até hoje. Reconheço o meu esforço e me reconcilio com os meus medos, porque sei que nenhum deles foi grande o suficiente para me fazer desistir. Pelo contrário, os meus medos me ajudaram a crescer...

REFLEXÃO
OBEDIÊNCIA

"Outrossim, o reino dos céus é semelhante ao homem, negociante, que busca boas pérolas; e, encontrando uma pérola de grande valor, foi, vendeu tudo quanto tinha, e comprou-a." Mateus 13:45-46

Enoque andou com Deus, pela pérola de grande valor.

Noé obedeceu a Deus, pela pérola de grande valor.

Abrão deixou tudo, pela pérola de grande valor.

Jacó adquiriu de seu irmão Esaú a primogenitura, para conquistar a pedra de grande valor.

Isaque tinha comunhão com Deus pela pérola de grande valor.

Moisés deixou tudo pela pérola de grande valor.

Sadraque, Mesaque e Abednego preferiram "morrer" na fornalha que renunciar a pérola de grande valor.

Daniel preferiu ser jogado na cova dos leões do que renunciar a pedra de grande valor.

Os discípulos de Jesus renunciaram suas vidas pela pérola de grande valor.

Estevão foi apedrejado até a morte, por amor à pérola de grande valor.

Deus coloca essa pérola em nossos caminhos, para que, ao achá-la, renunciemos as demais coisas. Porque essa pérola é a chave que abre as portas para eternidade. Jesus é a pérola de grande valor que nos ajuda a superar as dificuldades do dia a dia!

CAPÍTULO 1
A PÉROLA DE GRANDE VALOR

"Mesmo sabendo que um dia a vida acaba, a gente nunca está preparado para perder alguém."

O luto está diretamente ligado ao amor que sentimos pela pessoa que partiu. Esse amor será uma sustentação para os momentos difíceis. Ele não será fácil de ser encarado e com certeza não terá um tempo delimitado! A perda de alguém, uma vez concretizada, não é vivenciada com naturalidade, pois o adeus dói demais!

Uma verdade que bateu a nossa porta sem pedir licença, apenas chegou e interrompeu os laços afetivos, as conversas que aconteciam todos os dias, os abraços, os passeio na cadeirinha de rodas, o eu te amo que era falado a cada momento, a vida que foi planejada e sonhada para a pessoinha amada. A morte chegou, interrompeu tudo e a família começa uma batalha pela sobrevivência.

Viver essa fase do luto foi e continua sendo o maior desafio que eu já enfrentei na minha vida. Nos primeiros momentos parece que nada é verdade e pouco a pouco a ficha vai caindo e o inevitável acontece... Noites sem dormir, falta de apetite, choro... choro inconsolável... E chorar a dor da saudade começou a fazer parte do meu dia a dia. A nossa jornada é relatada no livro Sarah Britos uma história de amor e fé (Amazon.com), nela eu relato toda a trajetoria com nossa filha Sarah portadora de distrofia neuroaxonal.

Sarah nos deixou no dia 21 de outubro de 2011, ela tinha 9 anos e meio. Eu testemunhei o seu último suspiro de vida, e, para superar esse trauma, foi necessário buscar ajuda. Por muito tempo eu e minha família fomos socorridos pela Dra. Cleyde Silva (a mesma psicóloga que ia dar uma palestra para o grupo de pais na minha igreja, no dia que a Sarinha nos deixou). Na primeira semana pensamos que o atendimento seria apenas para nosso filho Wesley, mas logo entendemos que a família toda precisaria desse atendimento. Uma vez por semana lá estávamos nós, meia hora só com Wesley (nosso filho mais velho), outra meia hora a família. Ás vezes só eu e Amilton, em outros momentos somente eu.

Momentos difíceis e marcantes para mim... Precisei de terapia por aproximadamente dois anos e fui atendida na My Whole Health Life, LL, clínica da dra. Cleyde. Tive crises de depressão, de choro, de enxaquecas insuportáveis, dores e mais dores! Várias vezes fui parar na emergência por conta dessas dores; exames eram feitos e resultado nada animador: "tudo emocional". Como superar essa dor? Eu sabia que não existia fórmulas mágicas, receitas infalíveis ou nem mesmo manual de instruções para lidar com o luto, eu não sabia processar essa dor, não tinha forças e foi muito difícil lidar com a ausência da Sarah.

Aceitar a morte é muito difícil. Essa fase de readaptação e aprender a viver sem a Sarah foi muito difícil. Era Iimpossivel não sentir dor, não sofrer. Eu não era leiga no assunto e sabia que existem cinco estágios para efetivação do luto: a negação, a raiva, a barganha, a depressão e a aceitação. Mas difícil mesmo era discernir esses estagios diante de tanta dor:

Eu literalmente me negava a enfrentar a situação. Essa era a minha defesa. Quando o médico me comunicou que a situação da Sarah estava bem complicada, eu fiquei muito assustada, logo depois ele me permitiu entrar no quarto. No momento que eu entrei o monitor deu os últimos sinais, entrei em choque. Imaginem a situação, eu não podia crer que era verdade, ela não podia ir embora, não podia me deixar, eu a abracei e pedi pra que não fosse embora...

Foram tantos questionamentos (Por que ela foi embora?), na verdade eu nao buscava culpados, mas fiquei em silencio absoluto com Deus. A depressão, foi o minha pior aliada, um longo periodo de reclusão e reflexão, não queria conversar com as pessoas, me isolei de mim mesma. Periodo longo, mais ou menos 2 anos vivendo o silencio; a negação me protegia dessa ruptura, a partida da Sarah era para mim um assunto pendente.

Meu marido e meu filho, preocupados comigo, me motivavam a continuar com as sessões de terapia com a Dra. Cleyde. A minha saúde mental e emocional estava ficando comprometida e eu precisava de forças para recomeçar. Eles sabiam que somente um psicólogo poderia me ajudar, um repertório diferente sobre o luto. Certamente precisava ser diferente daquele "seguir em frente" que nossos amigos e parentes (com suas boas intenções) nos estimulavam. Nos encontros com a dra Cleyde eu conseguia conversar e chorar, eu sabia que ela não iria me criticar, mas pouco a pouco ela conseguia provocar em mim novos pensamentos. Ela não me consolava e nem dizia que "tudo iria ficar bem", ela me ajudava a encontrar meus próprios meios e, pouco a pouco, eu ia digerindo a situação e ia me adaptando da melhor forma possível a minha nova realidade.

Nesse processo eu pude perceber que, as vezes, as pessoas não entendem que cada pessoa enlutada lida com a perda de maneira individual e particular, manifestando sentimentos de formas bem distintas, crises de choro, silêncio total, desencadeando distúrbios psicológicos sérios como a depressão, e que muitos precisam do auxílio de um psicólogo para superar a perda. Dificil nesse processo é entender que a morte não pode ignorada: precisamos aprender a lidar com ela.

Procurando amenizar essa dor fui ser voluntária no Centro Assistencial Nova Esperança. A tarefa não era fácil e fiquei firme por sete meses trabalhando e me dedicando ao serviço voluntário. Em momentos de crises, o pastor Wesley e minha amiga Sandra estavam sempre por perto, me proporcionando um ombro amigo. Em fevereiro de 2012, depois de quatorze anos sem ver os familiares, Amilton vai ao Brasil para levar as cinzas da Sarinha e guardar no jazigo da família. Tarefa nada fácil para ele, mas era preciso.

Eu sempre acreditei que na adversidade Jesus toma conta de todo nosso ser... Em junho do mesmo ano, fui ao Brasil rever meus familiares, pois eu sempre sonhei com esse reencontro. Mas a tarefa também não foi nada fácil para mim! Somente eu, Wesley e a cadeirinha de rodas da Sarinha (que eu estava levando para doar). Uma cena difícil de descrever... Mas foi nesse período com meus familiares que a dor começou a ser amenizada...

Em setembro de 2012 fui contratada para trabalhar no Centro Assistencial Nova Esperança e fui coordenar o projeto Português Como Língua de Herança. Também assumi algumas aulas de Português no projeto. Meu primeiro desafio profissional nessa fase difícil. Consegui trabalhar durante dez meses, mas o contato direto com as crianças me maltratava, aquele ambiente me lembrava Sarah... Resolvi dar um tempo e cuidar mais de mim e da minha família. A verdade é que nenhum de nós pode prever como vamos reagir a uma perda. Nossa dor pode ser tão individual quanto as cores em uma caixa de lápis de cor. Para mim estava muito difícil! Viver a dor da perda não é um sinal de fraqueza, nem é perda da fé, mas é o preço do amor... **Sofrer a perda de um filho é uma dor sem nome!**

Com a partida da Sarah eu aprendi que não há regra estabelecida que nos ensine a lidar com a dor da perda. É importante reconhecermos que não estamos sozinhos, mas em muitos momentos eu me sentia só e que somente Deus estava o tempo todo ao meu lado. Não coloquei limites de tempo na minha recuperação, os dias passavam e era impossível não pensar na minha filha, como não pensar, como anular as lembranças?

Eu tive muita dificuldade de falar sobre a Sarah após sua partida, enquanto o Amilton tinha uma facilidade de conversar e contar detalhes, na verdade ele adorava falar sobre ela. Wesley pediu para eu guardar as fotos dela que tínhamos espalhadas pela sala e quartos, ele evitava falar sobre a irmã. Ele se negava a falar sobre o assunto, eu sabia que ele estava sofrendo a perda da irmã e também o desconforto adicional de meu sofrimento.

"E lhes enxugará dos olhos toda lágrima, e a morte já não existirá, já não haverá luto, nem pranto, nem dor, porque as primeiras coisas passaram" (Apocalipse 21:4). Nosso conforto esta em Cristo, mas o primeiro aniversário, primeiro natal, o primeiro thanksgiving foi doloroso, para falar a verdade, 10 anos se passaram e ela continua fazendo muita falta.

O caminho para alcançar a superação é longo e difícil, mas Jesus tem me ajudado a superar. Eu tenho esta promessa: se eu perseverar receberei a recompensa que Deus tem preparado para mim. Talvez nem sempre sejamos livrados de nossas provações, mas, se buscarmos as coisas que o Senhor nos assegurou, podemos saber que tudo está bem, mesmo nos momentos difíceis.

Quantas vezes somos feridos pelas palavras rudes de alguém no momento de dor simplesmente por que essas pessoas não compreendem o momento que estamos passando. Quem nunca sofreu o duro golpe da falta de empatia? Quantas vezes já sofremos a dor de ser rejeitado? Num momento de dor nos apegamos a fé que temos, mas recebemos o troco da indiferença e do preconceito. Eu aprendi que o mais importante nesses momentos é levantar a cabeça e seguir em frente. Em Mateus 13:45-46: *"O Reino dos céus também é como um negociante que procura pérolas preciosas. Encontrando uma pérola de grande valor, foi, vendeu tudo o que tinha e a comprou"*.

Tente imaginar o que há de mais valoroso para você. Pensou? Pois é, de acordo com a Palavra de Deus, não existe nada mais importante que a presença de Deus reinando em nossas vidas e através de nós. Que sejamos 'negociantes' e que saibamos abrir mão de tudo o que nos impede de viver uma vida dedicada a buscar o reino de Deus. Posso dizer para você que existe a real garantia de que, no tempo do Senhor, a solução virá, a paz irá prevalecer e o vazio será preenchido. Você já observou uma ostra? Ela é bonita, mas o seu verdadeiro valor está dentro dela. Existem muitas ostras no mundo, mas são poucas as que trazem o precioso valor de uma pérola! A pérola que está dentro da ostra é que vale infinitamente mais, não importando o tamanho, a beleza e a cor da ostra.

A pérola é o resultado da entrada de uma substância estranha (um grão de areia) no interior da concha. A ostra para se defender, libera uma substância lustrosa chamada nácar, quando um grão de areia invade a ostra, as células do nácar entram em ação e recobrem o grão com várias camadas, para proteger o corpo indefeso da ostra, e ao longo dos meses ou até mesmo anos se originam as pérolas. Uma ostra que nunca foi ferida não produzirá pérolas, pois a pérola é uma ferida cicatrizada.

Na minha caminhada pude produzir muitas perolas. Em 2015, no Brasil e em Orlando, eu fiz o lançamento do livro Sarah Britos uma historia de amor e fé. Voltei a exercer a minha profissão e comecei a trabalhar na Hunter's Creek Middle School. Em 2017 ganhei o prêmio Woman Brazil USA Award in Orlando. Voltei a trabalhar no New Hope Assistance Center coordenando o Projeto Portugues como Lingua de Herança. Em 2018 ganhei o premio Focus Award Orlando -Portuguese Language Person of the Year. Em 2019 participei do Brazilian-Portuguese Writers Meeting / Focus Brazil, New York, em 2020 fiz o lançamento da 2a edição do livro Sarah Britos uma historia de amor e fé e 1ª edição em inglês, e atualmente faço parte da Academia Internacional da Literatura Brasileira, grande coisas o Senhor fez por mim!

Quando eu estou com Deus, sou capaz de brilhar o suficiente para ofuscar os problemas e qualquer obstáculo. Continuo firme e confiando nos planos Dele para minha vida e minha familia, sigo em frente caminhando na estrada pela qual Ele me guia. Não há nada melhor do que andar de mãos dadas com o Pai!

CAPÍTULO 2
PÉROLAS

Toda a Escritura é divinamente inspirada, e proveitosa para ensinar, para redarguir, para corrigir, para instruir em justiça. II Timóteo 3:16.

Olhando para a bíblia eu encontro muitas pérolas, mulheres e homens que venceram os desafios de seu tempo e fizeram história.

Ana é uma mulher de oração, fiel e obediente. O nome Ana vem do nome hebraico Hannah, que significa graciosa, cheia de graça. Era a primeira esposa de Elcana, mas não a única. Ele tinha outra mulher chamada Penina com quem teve muitos filhos, porém Ana era estéril. Penina todos os anos irritava Ana quando subiam ao templo para fazer sacrifícios ao Senhor, então Ana subia ao templo chorando e não comia. Mulheres estéreis eram vistas como amaldiçoadas. Porém o problema de Ana era maior, pois sua rival tinha vários filhos. Mas Ana decidiu tomar uma atitude diferente. Depois de oferecer sacrifício ao Senhor ela orava com o coração aflito, chorava muito. Porém como ela ficava quietinha e orava em segredo e só mexia os lábios, o sacerdote Eli naquele momento pensava que ela estava bêbada e a repreendeu. Mas Ana respondeu brandamente que orava ao Senhor porque estava aflita. Então o sacerdote Eli a abençoou.

Então respondeu Eli: Vai em paz; e o Deus de Israel te conceda a petição que lhe fizeste. (1 Samuel 1:17).

Naquele momento da oração Ana estava fazendo um voto ao Senhor que se tivesse um filho homem ela o entregaria no templo para servir ao Senhor por toda a sua vida. Ana recebeu a bênção do sacerdote, creu e não voltou para sua casa triste mesmo com Penina azucrinando a sua vida. Então o Senhor se lembrou de Ana quando Elcana seu esposo esteve em intimidade com ela. Ana engravidou e deu à luz a Samuel. Aproximadamente aos 3 anos, Samuel deixou o período de amamentação, Ana cumpriu o seu voto, entregando-o aos cuidados do Sacerdote Eli. Todos os anos quando Ana subia ao templo para fazer sacrifício ao Senhor, ela levava uma túnica para Samuel. Então o sacerdote abençoava ela e seu esposo. Além de Samuel, Ana teve mais três filhos e duas filhas e ela se alegrou no Senhor. Ana venceu a esterilidade! E seu primogênito foi profeta, sacerdote e juiz de Israel durante toda sua vida.

Uma outra história que considero uma pérola, está no livro de Êxodo 1.*22 "... ordenou Faraó a todo o seu povo, dizendo: A todos os filhos que nascerem lançareis no rio, mas a todas as filhas guardareis com vida.* Essa ordem colocou em risco a vida de Moisés, que era ainda um bebê. Mas a estratégia da mãe de Moisés e Miriam, sua irmã, salvou a vida d'Ele. Mas não foi fácil. A menina Miriam mostrou uma sabedoria grandiosa ao seguir o menino que foi colocado no cesto na grama alta ao longo do rio Nilo, e quando foi encontrado pela filha do faraó, Miriá tratou-a de convencer a entregar o menino à própria mãe, para que cuidasse dele por um tempo (Ex 2,7). Ela salvou a vida de Moisés com a sua forma sábia de lidar com as situações adversas.

Rute foi uma moabita que se casou com um hebreu da tribo de Efraim chamado Malom, filho de Elimeleque e Noemi.

Noemi ficou viúva em Moabe e 10 anos depois perdeu seus dois filhos. Então, ficaram três mulheres desamparadas. Porém Noemi não tinha nenhum parente onde estava morando, então decidiu voltar para sua terra. Rute e Orfa partiram junto com Noemi, mas no caminho ela mandou que as noras voltassem para suas famílias. Orfa voltou para sua família, porém Rute não quis deixá-la e preferiu assumir todos os riscos (pérola) ao ir com sua sogra para uma terra estranha.

Disse, porém, Rute: *Não me instes para que te deixe e me afaste de ti; porque, aonde quer que tu fores, irei eu e, onde quer que pousares à noite, ali pousarei eu; o teu povo é o meu povo, o teu Deus é o meu Deus. Rute 1:16*

A decisão de Rute mudou a sua história, pois deixou para trás os deuses pagãos que seu povo seguia para servir ao Deus verdadeiro. Quando já estavam em Belém, Rute foi trabalhar catando as espigas atrás dos secadores, ou ceifeiros. Porém sem conhecer o lugar foi parar nos campos de Boaz, um parente próximo de seu sogro Elimeleque. Segundo as leis dos hebreus, Boaz era um dos protetores de Noemi, por causa do parentesco, Rute foi muito bem recebida nas terras dele. Todos a admiravam por ser uma mulher trabalhadora e corajosa, principalmente por ter deixado sua parentela para ir com sua sogra para uma terra estranha. Rute obedeceu todos os conselhos de sua sogra que conhecia os costumes dos hebreus e foi bem sucedida. Boaz comprou as terras do falecido Elimeleque e casou-se com Rute assumindo o papel de protetor das duas. E assim uma moabita foi a bisavó do Rei Davi e entrou para genealogia de Jesus.

A história da rainha Ester me encanta por sua beleza, coragem e obediência. Ela era judia, órfã de pai e mãe, criada pelo seu tio Mardoqueu e que, de uma hora pra outra, se viu como rainha da Pérsia. O rei Xerxes, após um desentendimento com sua esposa, convoca todas as moças belas e virgens do reino para comparecerem ao palácio, pois ele escolheria uma nova rainha.

A beleza de Ester a levou até o palácio e sua bondade cativava a todos ao seu redor. A Bíblia não retrata muito sobre o que aconteceu nos 12 meses de treinamento que as moças tiveram, mas é clara ao dizer que Ester se destacava (Ester 2:15). A Bíblia também conta que o rei a amou mais que a todas as outras mulheres, de tal modo que ela obteve favor e graça aos seus olhos e ele a tornou sua rainha. O Rei a amou de tal maneira que organizou um banquete em sua homenagem, decretou um dia de descanso para todas as províncias do reino e distribui de forma generosa presentes para todo o povo (Ester 2:18).

Ester foi escolhida rainha e acreditava que o objetivo de sua vida havia sido alcançado, mas Deus se moveu em seus propósitos. Ester não se tornou Rainha apenas porque era bela, Deus a fez bela para seu propósito.

Hamã, ministro do Rei, odiava os judeus e decidiu enforcar Mardoqueu e exterminar o povo judeu no dia 14 de Adar, simples assim, só porque Mardoqueu nunca se dobrava diante Hamã. Quando o decreto maligno de Hamã foi publicado em todas as províncias do reino, Mardoqueu pediu ajuda de Ester para interceder pelo seu povo. Por isso Ester ordenou ao povo judeu que orasse e jejuasse por 3 dias. Depois desse período ela se apresentaria diante do rei Assuero. Ester foi a ferramenta (pérola) que Deus usou para evitar que o massacre judeu acontecesse. Deus criou Ester com todas as ferramentas necessárias para chegar onde Ele precisava que ela chegasse para usá-la como influência naquele lugar. Deus estabeleceu Ester como autoridade em sua geração, no país em que ela vivia, Deus confiou e depositou nela todos os instrumentos necessários para tornar-se rainha e salvar seu povo. Deus a capacitou e preparou Ester para aquele momento.

A Bíblia também nos conta no Novo Testamento que Maria Madalena era uma mulher endemoninhada. Jesus expeliu dela sete demônios (Lc 8,2). Não temos muitos detalhes do passado dela, mas, certamente, não foi um passado que agradasse a Deus. Ela, no entanto, teve a coragem de superar o seu passado negro e ser uma grande serva do Senhor Jesus. Ela é mencionada sempre em companhia dos discípulos, e foi a primeira a saber e crer na ressurreição de Jesus Cristo (Mt 28:1). Foi uma mulher que mostrou uma superação inigualável (pérola), um verdadeiro retrato da transformação que Deus opera na vida das pessoas.

Uma outra história fantástica é a de Maria, que foi escolhida dentre diversas moças para ser a mãe do Salvador. Talvez isso pudesse trazer ao coração dela certo orgulho, certa altivez. Ela, no entanto, declarou algo que todos nós precisamos declarar diariamente a Deus: *"Então, disse Maria: A minha alma engrandece ao Senhor, e o meu espírito se alegrou em Deus, meu Salvador, porque contemplou na humildade da sua serva. Pois, desde agora, todas as gerações me consideraram bem-aventurada'…"* (Lc 1,46-48). A humildade de Maria, em colocar-se nas mãos de Deus e cooperar com o Senhor na Sua grande missão, é algo realmente fascinante, que toda mulher deveria imitar. Claro que a missão dela não foi fácil, ela também foi criticada (pérola) e até rejeitada mas se manteve firme.

O capítulo 31 do livro de Provérbios é dedicado ao louvor e caráter de uma mulher que não tem nome, mas que bem poderia ser algumas das grandes mulheres de Deus, e por que não dizer que essa mulher sabia que existe em pleno 2020. Essa mulher apresenta virtudes no cuidado da família, do marido, dos filhos; na forma honesta e dedicada com que trabalha; no exemplo que dá ao próximo, na forma sábia com que vive sua vida. Esse capítulo de Provérbios nos mostra um resumo das qualidades das mulheres de Deus e como elas são importantes (pérolas).

A lista de homens resilientes na Bíblia com certeza também é muito extensa. É muito raro, hoje em dia, ouvir da boca de um cristão a mesma afirmativa que saiu da boca de Sadraque, Mesaque e Abede-Nego. Quando os judeus estavam sob o jugo babilônico, o rei Nabucodonosor pressionou para que eles se curvassem diante da estátua de ouro, mesmo tendo uma fornalha aquecida sete vezes mais à espera deles, responderam ao rei dizendo: "(…) ainda que nosso <u>Deus</u> não nos livre, não nos prostraremos".

Difícil também é ouvir alguém dizer o que Jó disse estando em circunstâncias bem adversas. Mesmo tendo perdido os filhos, toda sua riqueza e sua saúde, ainda assim adorou a Deus dizendo: "Deus deu, e ele mesmo tomou; bendito seja o nome do Senhor".

A maior vitória que a gente pode alcançar, no modo de ver de Deus, é quando alcançamos o nível de crer sem pestanejar. Deus solicita a Abraão que ele sacrifique seu filho. Ele não debateu com Deus, subiu o monte Moriá para obedecê-lo.

O apóstolo Paulo, em sua carta aos Romanos nos ajuda a sermos pessoas resilientes, pessoas que tem Jesus Cristo como o maior exemplo de perseverança, firmeza e fé. *Romanos 12: 12: "Alegrai-vos na esperança, sede pacientes na tribulação, perseverai na oração".*

Uma pessoa *RESILIENTE*, afirma, *PELA FÉ*, que dias melhores virão e que o sinal verde vai aparecer no fim do túnel. Com Jesus, não há dúvidas de que somos mais do que vencedores (resilientes), porque o justo, ainda morrendo, tem esperança, Pv 14: 32 e Rm 8: 37.

Esses exemplos revelam que uma fé verdadeira faz com que a pessoa que a exerce sirva à Deus na bonança ou na tribulação, pois independente das circunstâncias, Deus continua sendo Deus.

CAPÍTULO 3
COMO LIDAR COM A
DEFICIÊNCIA VISUAL

Praticamente, pouco se tem estudado acerca da Representação Social da Deficiência Visual, do ponto de vista psicossocial e sociocultural, que busque compreender a dimensão humana, a essência desse ser e, principalmente, em relação às significações e representações construídas historicamente pela sociedade.

Os pais estão capacitados a realizar um grande trabalho em favor dos filhos deficientes, quando devidamente preparados para esse fim. Sua participação, contudo, poucas vezes não será recusada pelos profissionais, sob as mais diversas alegações.

A história conta que os cegos nas comunidades primitivas e na antiga Prússia eram barbaramente torturados e condenados à morte. Já na Grécia, Homero, o grande trovador cego, possível escritor de Ilíada e Odisséia, acabou morrendo na miséria, recitando seus versos pela cidade.

Em Roma, havia cegos de toda natureza, poetas, filósofos, em Alexandria tínhamos o grande filosofo Marcus Tullius Cícero, Arius Didymus, teólogo e matemático, assim como havia também os pobres e miseráveis que perambulavam pelas ruas na mendicância.

Para os gregos, a ausência da visão assumia uma conotação negativa. Mais especificamente na Metafísica Aristotélica (*é um conjunto de escritos deixados por Aristóteles, separados e classificados, mais tarde, por*

Andrônico de Rodes, o último discípulo que estudou no Liceu, escola de Filosofia fundada por Aristóteles. O que há em comum entre todos os 14 livros que compõem a Metafísica é que eles tratam de uma espécie de Filosofia anterior, Filosofia primeira ou Filosofia do ser em geral): "Os homens, por instinto, desejam o saber. A prova está no fato de que neles o prazer é acompanhado das sensações por si mesmas e sobre todas as outras ressalta-se a da visão. A visão tinha uma função muito importante.

O conceito da cegueira para o mundo oriental não tinha o mesmo significado do ocidente. Nas culturas hebraica, árabe e hindu, o fundamental era a audição, pois a fonte suprema da verdade é uma divindade invisível, que só poderia interagir com o homem pela palavra. Saber ouvir era muito importante. Por isso, nessas culturas, os cegos eram valorizados, possuidores do dom divino e de grande sabedoria.

A valorização do corpo nas diferentes culturas é contextual. Na Grécia antiga, os deficientes físicos eram sacrificados porque não serviriam para ser soldado ou atleta. Temos aqui o valor do corpo, do materialismo como função social. Pelo corpo e habilidade, o homem se torna ser social, competente, competitivo e participativo. Até hoje, com freqüência, encontra-se esse conceito difundido, inclusive na mídia social.

Para a cultura judaica que seguia o Velho Testamento, a cegueira tinha forte conotação de pecado. Vejamos o texto bíblico no Evangelho de João, 9:2,3:

"E os discípulos lhe perguntaram, dizendo:

"Rabi, quem pecou, este ou seus pais, para que nascesse cego? (cego de nascença)."

Jesus respondeu:

"Nem ele pecou nem seus pais; mas foi assim para que se manifestasse nele a glória de Deus..."

O cristianismo rompe aqui com toda a filosofia e cultura do ocidente e oriente, introduzindo um novo modo de pensar sobre a natureza humana. Eliminando, assim, o conceito de deficiência visual como pecado e exclusão do ser humano imperfeito; evidenciando a não valorização do olhar físico dos sentidos, mas o da dimensão espiritual humana.

A ausência da visão sempre denota uma imagem negativa em nossa cultura, como encerra o pensamento de René Descartes(filósofo físico e matemático francês na idade moderna.)

"O olho, pelo qual a beleza do universo é revelada à nossa contemplação, é de tal excelência que todo aquele que se resignasse à sua perda privar-se-ia de conhecer todas as obras da natureza, cuja vista faz a alma ficar feliz na prisão do corpo graças aos olhos que lhe representam a infinita variedade de criação".

A família e a escola constituem-se elementos primários, espaço básico e fundamental para o desenvolvimento, aprendizagem, socialização e integração dos alunos com deficiência visual. Deste ponto de vista, não podemos dissociar escola-família, nem abordá-las como entidades separadas.

O conceito de trabalho educativo e pedagógico tem, historicamente em nosso meio, excluído a participação da família no processo ensino-aprendizagem e nas tomadas de decisões acerca do processo educacional realizado no sistema escolar. E importante analisar os conceitos e definições de deficiência visual que permeiam o nosso imaginário social.

O conceito de deficiência visual envolve dois grupos distintos: *cegueira e baixa visão* (congênita ou adquirida), ou *visão subnormal,* como é mais conhecida em nosso meio. As pessoas com visão subnormal constituem-se um grupo bastante heterogêneo e diferenciado em virtude das diferentes patologias, níveis e qualidade da visão residual, capacidade e eficiência visual e, principalmente, quanto às necessidades ópticas específicas.

Cegueira: Perda total da visão em ambos os olhos ou percepção luminosa. O Código Internacional das Doenças (CID) considera a acuidade visual inferior a 0.05 ou campo visual inferior a 10 graus, após o melhor tratamento ou correção óptica específica.

Enfoque Educacional: Perda da função visual que leve o indivíduo a se utilizar do sistema braille, de recursos didáticos, tecnológicos e equipamentos especiais para o processo de comunicação e leitura escrita.

Baixa Visão ou Visão Subnormal: é o comprometimento visual em ambos os olhos, mesmo após o tratamento e ou correção de erros refracionais comuns, com acuidade visual inferior a 20/70 (0,3) e ou restrição de campo visual que interfira na execução de tarefas visuais.

Enfoque Educacional: capacidade potencial de utilização da visão prejudicada para atividades escolares e de locomoção, mesmo após o melhor tratamento ou máxima correção óptica específica, necessitando, portanto, de recursos educativos especiais.

O Conselho Internacional de Educação de Deficiência Visual e a Organização Mundial de Saúde recomendam que os critérios clínicos do Código Internacional das Doenças (CID) sejam utilizados para fins educacionais ou de reabilitação somente após incluir dados de outras funções visuais importantes, como: sensibilidade aos contrastes, capacidade acomodativa e adaptação à iluminação, que são tão incapacitantes quanto a diminuição de acuidade e restrição de campo visual.

Os estudos de Vygotsky, na década de 20, sobre os processos psicológicos do aluno cego, revolucionaram os conceitos de educação especial, contestando as teorias que tratavam a deficiência visual apenas do ponto de vista orgânico, médico, sem tratá-la ou compreendê-la como um problema social.

É incontestável a teoria de Vygotsky quanto ao valor da mediação sociocultural e, principalmente, quanto à contribuição que trouxe para a educação, contestando a prática mecânica da pedagogia quantitativa, dos testes, da reeducação individual e das formas segregadas de educação.

Nessa perspectiva, de fenômeno socialmente construído, pode parecer contraditória essa teoria, uma vez que, na ausência da visão, o aluno não se torna capaz de apreender e interpretar o mundo por um caminho diferente do vidente e que lhe seja próprio. Fica dependente da experiência do outro.

No entanto mais adiante, referindo-se ao sistema braile, o autor enfatiza a importância da linguagem: "a palavra vence a cegueira", observando que mais importante do que o signo é o significado. Assim, pode-se compreender a importância da construção de significados e a elaboração de conceitos na educação de pessoas com deficiência visual, devendo ser, portanto, esses procedimentos educacionais construídos socialmente pela mediação da família e professor. Sampaio (1991), estudando o desenvolvimento da linguagem em crianças cegas sem alterações adicionais, mostra que elas podem apresentar, em algum momento de seu desenvolvimento, estereotipias, alterações de linguagem, confusões na interpretação do meio, sem, contudo, caracterizarem-se como condutas patológicas, mas condutas temporais.

Pesquisas sobre o desenvolvimento cognitivo de crianças deficientes visuais sob diferentes perspectivas, como a psicanalítica de Fraiberg (1981), a de Hatwell (1980) e Guinot (1989), ambas na abordagem piagetiana, consideram que essas crianças podem apresentar atraso de dois a três anos na aquisição da função simbólica, o que será naturalmente compensado a partir do momento em que a linguagem assume a função de representação e de organização do conhecimento.

Masini (1994), analisando o perceber e o relacionar-se do deficiente visual numa abordagem fenomenológica, alerta para o fato de que:"Na comunicação, a predominância da visão sobre os outros sentidos, bem como do verbal sobre o não verbal, faz com que os conhecimentos (percepções e intelecções) não acessíveis ao D.V. sejam utilizados pelo vidente ao falar com ele. Isto faz com que esses alunos desenvolvam uma linguagem e uma aprendizagem conduzida pelo visual, ficando assim em nível de verbalismo e aprendizagem mecânica."

Os estudos de Leonhardt sobre o desenvolvimento cognitivo de crianças cegas já apontavam nessa direção:

"A criança cega não é um vidente que carece de visão. Sua maneira de perceber o mundo, que ele mesmo elabora, não é igual à de uma criança normal privada da visão. A diferença apóia-se na organização original que ele opera em sua modalidade sensorial (...) Não existe na realidade uma compensação sensorial mágica com a utilização dos outros sentidos. (...) Será, pois, fundamental conhecer essa outra forma de ser, esta alteração e aceitá-la: é a única maneira de não conceber a educação da criança cega

como compensatória ou uma reeducação e, sim como uma aproximação diferente, necessária para uma organização totalmente distinta da pessoa." (Leonhardt,1984, p. 5/... cego do olho direito em consequência de uma congestão cerebral ocorrida em 1735, ficou completamente cego ao operar uma catarata no olho esquerdo. Essa situação não o abateu, prosseguiu com seus trabalhos, ajudado pelo filho mais velho))

Essa perspectiva de construção diferenciada e significativa do conhecimento e reconhecemos que a experiência visual, auditiva ou tátil integradas, mediadas pela interação e comunicação, possibilitando a ação contextualizada, são essenciais para a formação de imagens e conceitos, pois permitem ao aluno estabelecer relações imediatas e não-fragmentadas para poder compreender o meio e aprender.

Surge então o papel da mediação social, diferente da cópia aumentada do real, como forma de comunicação que amplia as informações e experiências da pessoa com deficiência visual. Nesse sentido, Bruno (1992) fala sobre a necessidade de o aluno com deficiência visual contar com pessoas disponíveis para que, através da comunicação e da interação, possam ajudá-lo a ampliar suas próprias experiências, a conhecer e a interpretar o mundo.

O que os pais e professores necessitam compreender é que a mediação não significa apenas transmitir ao aluno nossas sensações ou impressões visuais, que são destituídas de significado para ele, mas uma ajuda para que ele possa construir suas próprias imagens através da exploração do mundo, utilizando o sistema tátil cinestésico, a comunicação gestual possível, com detalhada descrição verbal.

Estudos de Ferrell (1994) indicam que a deficiência visual pode interferir na aquisição e desenvolvimento dos conceitos como: conhecer e identificar objetos, estabelecer relações entre o que toca e o que escuta, possibilidade diminuída de estabelecer relações entre objetos e eventos.

Esse processo de elaboração de conceitos surge na criança cega por um caminho totalmente diferente daquele da criança vidente: ocorre da parte para o todo, semelhante à construção de um quebra-cabeça, segundo Ferrell. Somente quando todas as pequenas peças de informação estiverem postas juntas é que se forma o conceito e, para que isso ocorra, é necessário que as informações sejam consistentes, claras, concretas e concisas, possibilitando, desta forma, que as crianças alcancem níveis mais altos de aprendizagem.

Lembre-se que a criança que nasceu cega não sabe o que é enxergar, tampouco tem consciência que outras pessoas enxergam.

Ninguém saberá o que seu filho vê até que ele possa falar. Seu médico oftalmologista, optometrista ou pediatra pode lhe explicar a condição do olho de seu filho, os sintomas e as características de cada tipo de patologia. Peça a seu médico um relatório, por escrito, de cada exame ocular de seu filho (caso você não o compreenda, peça ao médico que escreva numa linguagem mais acessível). Guarde esses relatórios para consultá-los de vez em quando. Eles também serão de grande utilidade para auxiliar o professor de seu filho, quando ele for para a escola ou entrar num programa para crianças.

Quanto ao que seu filho realmente vê, terá que esperar que ele lhe diga. E, provavelmente, ele o fará muito antes que possa falar. Qualquer um destes comportamentos lhe dirá algo sobre o que e quanto vê:

- Piscar ou fechar os olhos em luz solar ou perto de uma luminária;
- Piscar ou fechar os olhos quando sair para o ar livre, ou vice-versa;
- Aproximar comida ou outros objetos para perto dos olhos ou de um só olho;
- Virar a cabeça em direção a uma fonte luminosa ou virar seu rosto buscando afastar-se de uma luz forte;
- Inclinar sempre a cabeça de certo modo;
- Tentar alcançar coisas de um só lado, somente a certa distância ou apenas as que estejam diretamente à sua frente;
- Esbarrar com coisas (altas ou baixas);
- Seguir objetos móveis com os olhos ou com a cabeça;
- Procurar objetos com os olhos ou com as mãos.

Não perca de vista estas coisas, se seu filho as fizer, e tente observar se ele as faz o tempo todo, às vezes, ou só em determinadas situações (como quando as luzes estiverem obscurecidas, ou quando você o estiver ajudando). À medida que ele for ficando mais velho, você descobrirá um pouco mais sobre sua visão pelo manuseio que faz de livros, pinturas, lápis e papel. De início é impossível prever quanta visão ele terá, ou se será um leitor de Braille ou de letras impressas. É necessário esperar.

É importante lembrar que, na maior parte dos casos, as crianças com visão subnormal usam melhor sua visão à medida que ficam mais velhas porque ficam mais sagazes, experientes e dedutivas, tendo um expressivo ganho, pelo uso, em sua visão funcional.

Certamente, crescer sem visão torna-se um pouco mais difícil aprender sobre o mundo e se mover nele. Mas seu filho cego não sabe que o seu modo de aprender é diferente do das outras pessoas. Na prática, a cegueira na infância quer dizer que:

Os acontecimentos usuais, comuns e cotidianos, podem precisar de explicação. Faça seu filho saber, por exemplo, que ovos mexidos, fritos e cozidos sempre começam como ovos crus.

Alguns eventos ficam fora da experiência direta de seu filho. Conte-lhe sobre os pássaros voando e dê-lhe a chance de tocar e segurar um. Fale das nuvens, do céu, do sol, da lua.

Seu filho pode precisar de ajuda para reunir partes e formar um todo. Seu filho não pode tocar um cachorro inteiro de uma vez só, mas ele pode sentir-lhe o nariz, orelhas, corpo, pernas, patas e rabo, separadamente. Você pode ajudá-lo, então, a entender que estas partes separadas, quando juntadas adequadamente, fazem um cachorro inteiro.

A imitação gestual é mais difícil. Seu filho precisará que se lhe mostre como utilizar a expressão gestual: é grande assim – bem pequeno – lá longe – ali daquele lado – lá em cima, são algumas das expressões que, quando usadas, geralmente são anexadas às suas expressões gestuais correspondentes. Seu filho não fará isso por imitação. Pegue em seus braços e ensine a ele.

A aprendizagem não vem naturalmente por imitação. Você não pode ter certeza de que seu filho se levantará e caminhará um dia, se ele nunca tiver visto alguém caminhar antes. Tampouco espere que ele peque um biscoito da lata se ele não souber onde a lata está.

Experiências reais têm mais valor do que as descrições das mesmas. Você pode contar a seu filho sobre ovos mexidos, fritos, cozidos e crus, mas significará mais se ele puder rachar, quebrar e cozinhar os ovos por si mesmo.

Seu filho não pode esperar que o mundo venha a ele. Você tem, inicialmente, que levar o mundo a seu filho – com palavras, movimentos, sentimentos, interpretações e oportunidades para aprendizagem.

Sua contribuição é necessária, porque seu filho desconhece até onde foi bem. Se ele tentar alcançar algo e não conseguir da primeira vez, como saberá o que precisará fazer da próxima, a menos que alguém lhe diga "quase", "um pouco mais à direita", ou "ei, você conseguiu!?"

Crianças deficientes visuais podem ter uma outra deficiência associada. Se isso acontecer com seu filho, as mesmas regras de aprendizagem se aplicam:

- Providencie experiências reais;
- Ajude partes a se ajustarem ao todo;
- Crie oportunidades de aprendizagem;
- Dê sua cooperação;
- Demonstre como fazer as coisas.

Dependendo da deficiência de seu filho, algumas coisas que você faz com ele talvez tenham que ser repensadas. Por exemplo, se seu filho tiver paralisia cerebral ou uma outra deficiência motora, você necessitará aprender as melhores maneiras para posicioná-lo e carregá-lo. Se tiver deficiência auditiva, você precisará aprender mais sobre os modos de se comunicar com ele. Há pessoas especializadas que poderão lhe dar "dicas" para criar seu filho.

Todas as crianças, deficientes ou não, são diferentes entre si, isso é próprio da natureza humana, assim como também o é comparar seu filho com outras crianças. Mas como seu filho é deficiente visual ele tem um modo diferente de aprender e de fazer as coisas. Na verdade, não sabemos se as crianças deficientes da visão, no geral, aprendem mais lentamente que as outras, mas sabemos que suas chances e oportunidades para aprendizado são menores, em razão da deficiência.

Ela limita o que a criança pode imitar ou aprender sozinha, mas não significa que não consiga aprender. Isso significa, que ela terá que depender de você e de outros para ensinar-lhe e mostrar-lhe o que, inicialmente, não pode aprender de modo natural.

Um dos primeiros comentários que muitos pais fazem sobre seus filhos cegos ou de visão subnormal é que são quietos, que parecem imóveis em seus berços. Outros, dizem que seus bebês não gostam de ser tirados de lá, toda vez que o são, curvam as costas, se esticam, ou ainda, parecem querer se afastar. Isto acontece, de fato, com muitos bebês, mas por uma boa razão, quando você enxerga bem, vê, o tempo todo, o que acontece ao seu redor, pode fechar seus olhos no momento que desejar e não ver. Com a visão, você tem o controle de tudo.

Entretanto, quando não se vê bem, a história é diferente: pode ver de modo indistinto ou, talvez, só claridade e vultos. Dependerá de sua audição, olfato e tato para saber o que acontece ao seu redor. Ao mexer-se em sua cama, não escutará muito, exceto o som de seu próprio movimento. Os bebês cegos e deficientes da visão ficam quietos e imóveis, por muito tempo, porque ficam escutando o que acontece à sua volta. Além disso, não podem fechar seus ouvidos para deixar de ouvir, têm que aprender o que cada som significa e por que eles são importantes.

A reação, ao ser retirado do berço, está relacionada com a aguda atenção que o bebê presta ao mundo. Se ele estiver atento ouvindo, sentindo-se seguro deitado no berço e de repente, perceber que o estão movimentando, jogando para o ar, claro que vai se assustar e ficar transtornado. E seu modo natural de reagir é gritar, querer se afastar e voltar para onde estava.

Isto não quer dizer que você não deve tirar seu filho do berço ou ou pegar no colo. Significa que você deve pôr-se no lugar dele e imaginar como gostaria de brincar e ser tirado de alguma zona de conforto. Desejaria algum aviso, de ter ideia do que está se passando. Isso também é verdadeiro para seu filho deficiente visual. Diga-lhe o que faz, dê-lhe uma chance para responder e conte-lhe o que está fazendo, enquanto o fizer.

Embora pareça convidativo deixar seu filho aprender sobre o mundo em suas próprias condições, nem sempre essa é a melhor idéia. Experiências de movimento, ser conduzido ou mover-se sozinho ensinam muito sobre o corpo: onde está situado no espaço e a maneira de usá-lo. Considerando que a visão é uma das maneiras que aprendemos sobre movimento, as crianças que têm pouca visão podem não se movimentar tanto quanto deveriam, justamente porque não tiveram chance de compreender por que o movimento é divertido.

Assim, faça com seu filho cego, deficiente da visão ou portador de deficiência múltipla o mesmo que você faria com seus outros filhos, pegue-o no colo, embale-o, faça-lhe cócegas, carinhos, carregue-o nas costas, brinque com ele, tudo isso ensinará a seu filho que pessoas e objetos existem, até mesmo quando ele não os estiver tocando, ouvindo ou provando. Se seu filho possuir mais de uma deficiência, faça as mesmas coisas, mas consulte um médico ou fisioterapeuta para descobrir se há modos especiais que você deva utilizar.

Crianças cegas, de visão subnormal ou portadoras de deficiência múltipla às vezes desenvolvem hábitos, como balançar-se, cutucar o olho ou mexer os dedos e olhos. Não esqueça que todo mundo tem alguns hábitos irritantes, enrolar o cabelo, enrugar o nariz, ou coçar. A diferença é que as pessoas com visão podem ver os outros fazendo essas coisas ou olhar-se em um espelho e resolver, baseando-se no que vêem, se querem continuar a fazendo. A criança cega frequentemente conserva esses maneirismos, porque não sabe com o que se parecem.

Há muitas teorias sobre por que crianças cegas desenvolvem de maneira tão forte esses maneirismos. Algumas pessoas dizem que é porque bebês deficientes da visão ou portadores de deficiência múltipla não são suficientemente ativos; outros, que não tiveram bastante estimulação vestibular e cinestésica (*isto é, não se movimentaram o bastante para sentir seus corpos em diferentes posições no espaço*). Outros ainda acham que os bebês deficientes da visão apertam os olhos porque isso faz flashes de luz (tente fazer e veja se é isso mesmo). Os maneirismos podem parecer particularmente fortes em tempos de estresse, quando seu filho estiver tendo dificuldade para fazer algo ou estiver assustado. Claro que seu filho deficiente da visão ou com deficiência múltipla também pode, simplesmente, achar isso bom.

Mas, na verdade, não importa por que seu filho faz o que faz. Esses comportamentos podem ser, no futuro, um fator dificultador no seu processo de convívio e de participação social. É importante modificar o padrão de comportamento, corrigindo-o, lembrando-o sobre o que está fazendo ou desviando sua atenção para outra atividade. Um professor pode ser de grande ajuda, se decidir que quer mudar o comportamento de seu filho. Mas você tem que se lembrar de ser constante, não pode corrigir uma vez sem fazê-lo na próxima, porque isso dará a seu filho uma mensagem confusa. Talvez você queira dizer isso, talvez não. Ele continuará a testá-lo inúmeras vezes, até que um de vocês dois se cansam (geralmente você!).

Se teu filho repetir tudo que você fala, não se preocupe *(Ecolalia — repetição involuntária de frases ou palavras ou ecoar o que as outras pessoas dizem)*, é uma fase pela qual todas as crianças passam. É um modo de treinar a fala e aprender sobre a linguagem e a comunicação. Às vezes, nas crianças cegas e de visão subnormal essa fase parece durar muito tempo. A linguagem é abstrata. As palavras representam pessoas, conceitos ou coisas. Enquanto a criança não compreender isso, será incapaz de juntar as palavras para fazer seu próprio discurso. Repetir o que outros dizem é mais fácil.

Se algum dia você tentou aprender um outro idioma, poderá avaliar o que seu filho está tentando fazer: você repetiu palavras e frases antes que soubesse usá-las de maneira conexa e coerente. Só quando soube o que as palavras estrangeiras significavam, pôde colocá-las numa frase feita por você mesmo. E é assim para seu filho. Entretanto, é um pouquinho mais complicado para a criança que não pode ver aquilo sobre o que está falando, pode demorar um pouco mais até que dê o salto da fala imitativa para a comunicação.

Se você não é deficiente da visão ou portador de deficiência múltipla, pode-lhe ser difícil imaginar como seu filho aprenderá a identificar onde está e se localizar nesse espaço. Você se baseia em sua visão para saber onde está. Seu filho se baseará em sua audição, tato e olfato para sabê-lo.

Em sua casa, cada quarto dá pistas diferentes, através dos materiais que forram o chão e as paredes, e para que objetivo o quarto é usado. Por exemplo, a cozinha pode ter um chão de cerâmica e cheirar a comida; o banheiro cheira a umidade e até se pode sentir as paredes ligeiramente úmidas; a sala de estar pode ter um almofadão no chão e uma tv ligada; o quarto pode soar "macio", porque a cama absorve todos os sons. A janela da cozinha é grande, por lá entra sol e vento. À medida que seu filho cresce, ele começa a usar outros marcos para ajudá-lo a saber onde está.

Se ensinar, logo cedo, seu filho a prestar atenção nessas coisas, não lhe será difícil aprender. Faça com que ele forme o mapa mental do ambiente de sua casa, onde fica o banheiro em relação ao seu quarto, enfim, qual a localização de todos os cômodos e a relação espacial entre eles.

É importante saber que em algum momento eles irão necessitar de uma bengalas, elas oferecem proteção à criança ou ao adulto,(assim como a cadeira de roda serve para alguém que necessita se locomover), principalmente, porque dão informação sobre o que está à frente, antes de colidir. Por isso, seu filho pode não precisar de uma bengala até estar pronto para agir sozinho, como completar uma incumbência para você ou ir sozinho para a escola.

Entretanto, muitas pessoas acham que as crianças deveriam ter bengalas o mais cedo possível, até mesmo logo que começam a caminhar. Já outras dizem que a bengala só deve ser adotada a partir dos treze ou quatorze anos de idade. Você deve pedir as opiniões de professores e instrutores de Orientação e Mobilidade antes de tomar sua decisão. Algumas das perguntas seguintes talvez o ajudem:

- Meu filho precisa de bengala? Para que a usaria?
- Meu filho consegue caminhar direito?
- Meu filho usa suas mãos para conseguir informação ou se agarra a objetos sem realmente explorá-los?

- Como a bengala afetaria seu equilíbrio ao andar?

- Como a bengala afetaria suas brincadeiras com as crianças vizinhas?

- Ele precisa da bengala o tempo todo?

- A bengala para ele seria um instrumento de segurança e locomoção ou apenas um brinquedo?

- Ele, com a bengala deixa de absorver e utilizar as informações táteis, auditivas e olfativas do ambiente?

- Com ela parece estar sem orientação espaço-temporal?

Todos terão uma opinião sobre bengalas, mas a sua opinião e a de seu filho, principalmente, é que contam.

Seu filho cego, portador de visão subnormal ou de deficiência múltipla aprenderá o Sistema Braille quando estiver pronto para começar a aprender a ler, e o fará do mesmo modo que as crianças videntes aprendem a ler em tinta. Um professor de crianças deficientes da visão pode fazer algumas etiquetas plásticas em Braille para você pôr pela casa em portas, cadeiras, pias, etc., que irá expor seu filho à palavra escrita. Também pode adquirir histórias de crianças em sistema comum, com páginas plásticas em Braille, assim, enquanto você ler, ele poderá "segui-la em Braille", mesmo sem saber ler ainda. Com o avanço da tecnologia, existem muitos aplicativos (app Be My Eyes ajuda a descrever o que aparece na tela do Iphone, o Runkeeper funciona como uma assistente que fala todos os detalhes sobre o exercício físico e ainda tem um GPS, UBook é uma audioteca com plano de assinatura mensal, conta vários gêneros literários e mais de mil títulos, tem o serviço de streaming com auxílio de leitores de tela como o VoiceOver e o TalkBack, CPqD é um projeto da instituição brasileira disponível gratuitamente na loja do Google. O sistema é um guia completo para deficientes visuais, com narração automática da tela e com auxílio para quase todas as funções básicas e avançadas do celular, os relógios inteligentes no Brasil as opções ainda são poucas, mas existem empresas que fabricam relógios específicos para cegos ou deficientes visuais, modelos feminino e masculino e esporte com horario em Braille e que conversam em portugues com o usuário.

Além desses recursos é importante que a criança cega tenha o contato com a palavra escrita em Braille o mais cedo possível. A criança de visão normal vê as palavras em tudo, TV, revistas, livros, cartazes. Seu primeiro contato com a palavra escrita se dá muito cedo. Já a criança cega, na maior parte das vezes, tem o primeiro contato com a palavra escrita no momento de sua alfabetização.

Todas as crianças deficientes da visão podem aprender o Braille, e a vantagem de ler a tinta é que todos os livros e jornais são em tinta, enquanto que livros em Braille nem sempre estão disponíveis, mas com os novos dispositivos de leitura eletrônicos, computadores que falam e o Braille sem papel, por exemplo, talvez isto não seja um problema, no futuro.

A maioria do material de Braille que seu filho precisa para a escola já está disponível; se não, é da responsabilidade da escola e do professor dos deficientes da visão providenciá-lo. Entretanto, se você souber Braille, e ler, visualmente, as palavras (em Braille) será mais fácil ajudar seu filho nas lições. Como adulto que já lê, você não terá que gastar muito tempo aprendendo; assim, não pense em sair correndo, enquanto seu filho for pequeno, para fazer um curso de Braille. Há tempo para pensar sobre isso.

È importante lembrar que existem escolas e centros de atendimento públicos e particulares que oferecem programas especiais para crianças e pré-escolares cegos e portadores de visão subnormal. Para descobrir o que há disponível em sua comunidade, verifique primeiro com o serviço de saúde de sua comunidade e peça a recomendação de um programa de estimulação precoce para seu filho.

Lembre-se que essa etapa lhe é absolutamente fundamental e imprescindível. Não deixe de buscar um serviço de estimulação para seu filho deficiente visual. Faça valer o direito de acesso de seu filho portador de deficiência visual aos serviços de saúde, estimulação, educação, reabilitação, recreação, lazer, prática de atividades físicas, cultura e a todos os outros disponíveis em sua comunidade.

Não tenha medo, não fique isolado nem isole seu filho, ele tem direito à educação apropriada, o tipo de educação que ele irá receber, e onde recebe, depende de suas necessidades, a qualquer momento. Como pai, você tem o direito de participar das decisões. Crianças deficientes da visão e portadoras de deficiência múltipla podem freqüentar a escola em qualquer dos seguintes modelos:

SALA DE AULA REGULAR: (ensino inclusivo) seu filho assiste à aula que assistiria se não fosse deficiente, trabalhando diretamente com seus colegas videntes. Um professor itinerante vai à escola para instruir seu filho em habilidades especiais.

SALA DE RECURSOS: seu filho ainda está na sala de aula regular, mas fica mais tempo em outra sala, projetada especificamente para a instrução especial. Normalmente, há várias crianças que trabalham nessa sala de recursos, em diferentes momentos do dia.

SALA DE AULA ESPECIAL: seu filho trabalha a maior parte do dia numa sala de aula com outras crianças deficientes, entretanto, não necessariamente deficientes da visão. A sala de aula fica numa escola regular, e seu filho, normalmente, passa tempo com crianças não-deficientes no intervalo, na hora do almoço e talvez durante as aulas de música e de arte.

ESCOLA ESPECIAL: seu filho frequenta uma classe e escola que só tem crianças deficientes, nem todas deficientes da visão. O professor de seu filho pode ou não ser registrado no ensino de cegos e deficientes da visão, mas se não for, seu filho receberá os serviços de um professor itinerante de deficientes visuais.

ESCOLA ESPECIALIZADA: seu filho fica numa escola especializada para crianças cegas e de visão subnormal com a presença de professores e outros especialistas treinados para trabalhar com elas. Seu filho pode viver na escola a semana inteira ou se você morar bastante perto, pode ir e voltar da escola, diariamente.

Seu filho pode frequentar qualquer um desses lugares, dependendo de suas necessidades educacionais, a qualquer momento específico. Por exemplo, ele pode precisar de ajuda extra quando for pela primeira vez ao colégio, mas depois, poderia frequentar sua escola de bairro. Ou vice-versa. O importante é que sejam dados toda a educação e os serviços especiais de que seu filho precisa, e que os receba no ambiente o mais adequado possível.

Provavelmente, é difícil imaginar como seu filho irá na escola, já que pode ter dificuldade para acessar o computador ou usar o livro físico de exercícios.

Professores de deficientes da visão têm muitas maneiras de adaptar materiais para seu filho utilizar

Muitos pais acham útil conversar com pais de outras crianças cegas ou de visão subnormal. Pais de crianças mais velhas podem contar suas experiências e dar uma idéia do que acontecerá a seguir. Com pais de crianças da mesma idade que seu filho, você pode compartilhar alegrias, sucessos e trabalhar os problemas em conjunto. Ninguém tem, exatamente, os mesmos sentimentos que você, mas outros pais chegam muito próximo deles.

CAPÍTULO 4
GUIADOS PELA FÉ

Os filhos são herança do Senhor, uma recompensa que Ele dá.
Salmos 127:3.

A função da família é proteger seus membros, favorecer sua adaptação à cultura e sociedade a qual pertencem dando suporte ao desenvolvimento dos filhos, elaborando regras e auxiliando-os no processo de socialização e instrução progressiva, ajudar e dar suporte para que esses filhos sejam pessoas emocionalmente equilibradas, capazes de estabelecer vínculos afetivos satisfatórios e também auxiliar na elaboração da própria identidade.

Larissa, nossa sobrinha de 22 anos, nascida na cidade de São Paulo - SP (Brasil) em 15 de abril de 1998, filha de Wilson e Cleunisce, viveu a infância na cidade de Osasco (SP) onde reside atualmente com os pais e o irmão mais novo, Davi. Sendo filha de um casal com deficiência visual, seu crescimento foi marcado por aprendizados e vivências um tanto diferentes do que se costuma observar em outros lares, mas todos foram cruciais para que ela se tornasse o que é hoje. Apaixonada pela arte de contar histórias sobre a vida, é formada em jornalismo, profissão que lhe garante a oportunidade de conciliar hobby e trabalho, diariamente ela sonha em fazer parte da transformação do mundo em um lugar melhor.

Larissa acredita que compartilhar a vida com uma pessoa que tem deficiência, seja ela visual ou intelectual, é um desafio e tanto.

47

Imaginar as situações vividas e enfrentadas devido às dificuldades que estas condições podem trazer, para a própria pessoa ou para a família, faz muitos pensarem no quão "bobo" são ou demonstram ser os demais problemas do dia a dia.

Mas é justo pensar assim? Seria correto colocar o outro em uma situação "pior que a nossa" apenas pelo o que avaliamos como "difícil" ou "fácil"? Comparar os acontecimentos de uma vida com outra é, sem dúvida, um enorme erro. Temos nossas próprias histórias, momentos, desafios e conquistas individuais, então pouco adianta usar o próximo como reflexo do nosso próprio eu. Conhecendo a história de sua família, Larissa afirma que confiar no propósito de seus próprios caminhos é a melhor receita para enfrentar tudo.

Quantas vezes você viu uma pessoa com deficiência visual trabalhando ou cuidando de seus filhos?

Provavelmente, você se lembrou do cego que te atende no Poupatempo, naquele que trabalha no Habib 's ou daquele amigo do teu amigo que tem filhos e é deficiente visual, como ele vai cuidar da sua família, ou você lembrou do vizinho que trabalha em uma ONG específica para ele, afinal ele é cego e deve ser difícil a vida dele, coitado!

Antes da Larissa continuar contando a história sobre a sua família, gostaria de fazer uma pergunta: *Você sabe quantas pessoas com deficiência visual existem no Brasil? Apesar* de serem chamadas de "minoria", segundo o IBGE (2010), 45,6 milhões de brasileiros têm algum tipo de deficiência visual. E como chamar de minoria essa gente toda! E a perspectiva segundo a Organização Mundial de Saúde (OMS) é que até 2021 existirão mais de 75 milhões de pessoas cegas ao redor do mundo.

Vou contar para vocês como eu me envolvi com o tema: Sou casada com Amilton há 25 anos, e foi nessa família que o tema da deficiência visual me chamou atenção. Quando iniciei a escrita desse livro, logo pensei em abordar esse tema. Quando viemos morar nos Estados Unidos, Larissa tinha 2 meses, não acompanhei de perto os desafios de ter uma sobrinha de pais com deficiência visual. No entanto, à medida que essa família começou a fazer parte da minha vida, eu fui conhecendo melhor meus 4 cunhados com deficiência visual, e foi nessa convivência, que descobri que nenhum deles eram incapaz. No início, entender todo esse processo foi um pouco complicado porque a tendência é ser assistencialista o tempo todo, mas observar suas habilidades me encorajava a entender melhor esses desafios, eles não eram diferentes simplesmente por sua deficiência visual, afinal todos nós temos habilidades e talentos característicos. Nesse período de convivência eu ficava me questionando de como a minha sogra conseguiu lidar com essa situação, afinal eram 4 crianças pequenas com deficiência visual.

Então me veio um sentimento de impotência quando eu pensei na Larissa, como foi para ela esses 22 anos? Resolvi telefonar para ela e conversar sobre meu projeto, ela aceitou o desafio, meses depois ela me envia o arquivo dizendo:

Tia venho aqui, com todo o meu coração e intimidade, contar (o) quão grandiosa é a intervenção de Deus nas nossas vidas para que tudo ocorra bem e de acordo com o que é bom para cada um de nós. Espero que você perceba que a fé foi o ensinamento maior que nos guiou para enfrentar as marés altas e, enfim, chegar ao cais e alcançar a paz de nossos corações.

Observar o quanto minha avó e minha mãe mantiveram suas forças na fé de que tudo ocorreria bem e que estava no tempo certo de me mostrar o quanto seguir este pensamento como verdade transformou a criação de toda uma geração. Chego à conclusão de que a confiança no amor de Deus é o princípio para prosseguirmos. Confiar nas escolhas Dele para as nossas vidas, sempre fez parte dessa longa trajetória e nos trouxe até onde estamos hoje.

Tudo começou em 1958 quando minha avó, Nair Souza, se mudou do Paraná (PR) para São Paulo (SP) com a família, ainda que não soubesse muito bem o que a vida lhe reservava. Após alguns anos morando na cidade conheceu meu avô, Algemiro Britos, e um tempo depois, em 1960, concretizaram o casamento. Com as circunstâncias da época decidiram no mesmo ano se mudar para uma pequena cidade da Bahia (BH) chamada Pilão Arcado. Lá construíram uma pequena casa na área rural, com uma criação de animais que se tornou base para a renda deles.

Como de costume na época, as famílias eram numerosas e não foi diferente neste grande lar. Em 1961 nasceu o primeiro filho do casal e em 1970 meus avós já eram pais de oito crianças. Durante esses 10 anos os familiares perceberam que quatro filhos, sendo três meninos e uma menina, tinham dificuldade além do comum em comparação aos outros para enxergar. Preocupada com o que estava acontecendo minha avó procurou por ajuda local, mas devido às dificuldades em consultar um médico foi necessário vir até um hospital no estado de São Paulo para conseguir este atendimento especializado.

Meus tios Raimundo (3º filho na linhagem) e Almir (8º filho na linhagem), que eram os casos aparentemente mais graves, foram os primeiros a passar por consulta. Mesmo com diversos exames os médicos não conseguiam apontar uma causa para o que estava acontecendo, somente informavam que as dificuldades visuais existiam. Minha avó precisou retornar para a Bahia, já que sua família havia ficado por lá, mas como sempre foi uma mulher de fé, se manteve firme e não desistiu de acompanhar e entender o que estava acontecendo com eles. Um fato curioso relatado por ela é que os quatro filhos que têm deficiência visual nasceram com um sinal na cabeça e por isso sempre que um bebê nascia, ela imediatamente conferia se tinha esta marca para poder acompanhá-los.

Preocupados com os problemas de saúde que afetavam seus filhos, no mesmo ano meus avós decidiram vir morar em São Paulo. Meu avô já tinha vindo algumas vezes para trabalhar e por isso conhecia um pouco da cidade, assim se mudaram para o bairro do Jaguaré, que ficava próximo de grandes fábricas. Ele trabalhou em uma destas indústrias e minha avó, muito destemida e corajosa, abriu uma pensão com um restaurante para poder atender os funcionários das empresas e gerar mais uma renda para a família, que neste período já tinha mais dois membros.

Minha avó continuou buscando acompanhamento oftalmológico e meses depois voltou ao mesmo hospital com as crianças. O médico, na intenção de diagnosticar a deficiência, pediu que todos, incluindo minha bisavó Odila, passassem por exames para mapear e identificar a causa da baixa visão. Os testes resultaram em uma miopia acentuada hereditária. O impressionante é que minha bisavó possuía esta deficiência, mas nunca havia procurado ajuda por achar que era algo comum e corrigível com o uso de óculos de grau comuns.

Com os laudos em mãos minha vó se manteve firme e levou as crianças para os tratamentos e consultas, além de outras necessidades que surgiram no cotidiano. Mesmo com toda a dificuldade de locomoção, já que não era fácil se deslocar da zona oeste para o centro da Capital em ônibus e bondes com quatro filhos pequenos com deficiência visual, minha mãe e meus tios receberam o acompanhamento necessário para que tudo ficasse bem e o processo de convívio pessoal e social se desse de maneira positiva para eles.

Desde a descoberta da deficiência a vida de todos sofreu algumas mudanças, mas dentro de casa minha avó tentou manter tudo, o máximo possível, como sempre foi. Em uma conversa ela me explicou que não via a necessidade de tratá-los de maneira diferente, dando menos tarefas e responsabilidades por causa da deficiência, já que na vida eles não seriam poupados e um dia teriam seus próprios lares e trabalhos. Claro que alguns aspectos de mudança foram inevitáveis, afinal a baixa visão exigia cuidados para a segurança deles.

Apesar das incertezas sobre o futuro, a vontade de ver sua família bem não deixou minha avó desanimada. Anos depois se mudaram para o bairro em que vivem hoje, na cidade de Osasco (SP), e fortaleceram seus laços. Contudo, meus tios e minha mãe tiveram que ser matriculados em escolas que ofereciam o ensino adaptado e estavam localizadas na região da Capital. Nada foi fácil. No início para se locomoverem até as unidades, que ficavam no bairro da Lapa, foi preciso que alguns irmãos que enxergavam se empenhassem em ajudar e por isso eles também foram matriculados nessas escolas em salas comuns.

Todo o processo de aprendizagem e deslocamento foi cansativo para eles. As aulas eram ministradas em turmas comuns e após o término eles eram encaminhados para os "reforços" com professores especializados em braile ou letras ampliadas. Enfrentaram muitas dificuldades diante de uma sociedade que não estava preparada para lidar com aqueles fatos, desde os colegas de turma e docentes. Conforme iam concluindo o ensino médio, meus tios e minha mãe também precisaram passar por institutos de reabilitação que proporcionaram a autonomia que possuem hoje em tarefas pessoais e coletivas.

Algo importante sobre este período é o contexto em que estavam inseridos em cada uma das fases que foram concluídas. Se hoje, mesmo com todo o processo de inclusão de modo saudável nas escolas, empresas e até em espaços públicos ainda existem inúmeras barreiras a serem ultrapassadas para a quebra do pré-conceito sobre o que as pessoas com deficiência podem ou não fazer, tente imaginar há 40 anos atrás. Enfrentar discursos desmotivacionais e que implicam em possíveis barreiras sobre os seus sonhos não é fácil e requer muita sabedoria e fé para prosseguir.

Para minha vó tudo o que aconteceu, desde a sua ida para a Bahia até o diagnóstico hereditário, teve um propósito e foi sustentado por Deus. Ela se manteve firme e com fé em todos os momentos, sem pestanejar. Em cada batalha superada a esperança do amor sempre esteve presente na vida da minha família. Apesar das opiniões externas e destinos propagados, ela nunca deixou de acreditar e confiar nas escolhas de Deus para a vida dela e de todos os seus filhos. Hoje com uma família de 10 filhos, 25 netos e 7 bisnetos, posso com toda a certeza dizer que a determinação e o amor da minha vó por Deus, nos trouxeram até aqui.

Sou fruto de uma geração de mulheres fortes. Mulheres que aprenderam a confiar e persistir em seus sonhos desde muito cedo. Minha mãe, Cleunisce, sempre lutou para ocupar seu espaço sendo uma "mulher com deficiência visual" e mostrar que não existem barreiras capazes de parar uma mulher determinada. Ela superou diversos "nãos" ditos por pessoas que desacreditam da sua capacidade devido a deficiência. Mas cada passo dado por ela provou que a única característica essencial para conquistarmos o que desejamos, é a confiança de que tudo ficará bem.

Sempre que me deparo com situações difíceis ou que requerem decisões importantes, me lembro de uma frase muito usada por ela: "*Se for da vontade de Deus, vai acontecer*". Acredito que foi pensando neste ensinamento que minha mãe encontrou forças para enfrentar e superar todas as dificuldades que a afetaram. Hoje, ela é um dos meus maiores exemplos de mulheres fortes e me ensinou que se eu mantiver minha fé, sempre serei suficiente, capaz e independente para conquistar meu espaço e concretizar meus sonhos.

Tornar-se alguém forte não está relacionado a passar por situações de extrema necessidade e superá-las, mas sim enfrentar seus próprios medos e persistir em caminhar. Desde muito nova minha mãe sofreu com os pré-conceitos e limites estipulados socialmente para ela, desde questões pessoais, relacionamentos, estudos e probabilidades sobre o seu futuro. Com todos esses pensamentos e mesmo tendo outros três irmãos com deficiência visual, ela nunca esteve preparada para enfrentá-los, mas aprendeu com a vida como superá-los. Algumas situações criaram grandes barreiras e traumas que até hoje lhe causam espanto, porém nenhum foi capaz de fazê-la desistir.

Entre as fases mais impactantes está o período educacional. Isso porque combina um período de descobrimento com a aprendizagem, gerando ansiedades para qualquer pessoa. Mas não estamos falando em algo comum. Tente imaginar uma sala de aula com aproximadamente 30 alunos, sendo um deles uma pessoa com deficiência. Agora se coloque no lugar desta pessoa. Sentiu a diferença? Mesmo sem estar de fato lá foi possível perceber que existe um tratamento diferente e não me refiro à atenção saudável do auxílio e cuidado, mas sim dos pequenos apontamentos e dificuldades geradas pela falta de empatia de algumas pessoas.

Atitudes comuns como pedir um caderno emprestado ou perguntar o que está escrito na lousa deveriam ter sido comuns, entretanto se tornaram grandes medos para minha mãe. Conversando sobre esta fase, ela me relatou diversas ocasiões em que se sentiu afastada por causa da deficiência visual, cada história me marcou profundamente e me fez admirá-la ainda mais pela força e determinação. Alguns dos momentos em que senti sua voz mais apreensiva foram quando contou sobre a formação de grupos para trabalhos, em que ela não era escolhida de imediato ou quando aconteciam passeios feitos pela turma e não era convidada por acharem que não saberia voltar para a casa sozinha. Só de imaginar o peso do que ela viveu, me sinto constrangida.

Além das situações geradas pelos colegas de turma, ela também sofreu com relação ao tratamento de professores. Seja por falta de preparo ou empatia, alguns docentes não se esforçaram para ajudá-la e diversas vezes agiam como se suas dificuldades educacionais fossem causadas por desinteresse e não pelas limitações visuais, intensificadas pela falta da acessibilidade. Estas circunstâncias refletiram negativamente na construção da autoconfiança e independência da minha mãe, mas não foram pivô para que ela desistisse.

Entre tantos problemas e pessoas dizendo o que ela poderia ou não fazer, também existiram ombros amigos colocados por Deus que incentivaram e a encorajaram a seguir sempre em frente. Começando por sua própria mãe até suas irmãs, irmãos, amigas e alguns professores, que foram poucos. Apesar de tudo, minha mãe não se deixou vencer por nada e se manteve firme em sua fé, seguindo os sonhos de seu coração. Ela sabia o que queria e podia muito mais do que haviam lhe dito.

Seguindo seus desejos minha mãe buscou por oportunidades que a acolhesse da forma que ela é, de modo que pudesse marcar sua presença de alguma forma e conquistar outros desafios. Assim, aos 22 anos concluiu o curso de auxiliar de radiologia e passou em alguns concursos públicos na área, sendo um deles responsável pelo cargo que ocupa hoje em um hospital de referência para a saúde da mulher em São Paulo.

Durante toda esta trajetória existiram episódios que exigiram resiliência e muita sabedoria para compreender o propósito e como superar cada um deles. Desde a relação consigo mesma, na forma em que se arrumava, portava e se autoconhecer, nos limites e desejos colocados em relacionamentos afetivos, nas dificuldades encontradas nos estudos e nas conquistas do ambiente profissional, foi preciso contornar as dificuldades confiando em Deus e encarando cada momento como único, sem se comparar as demais pessoas e seguindo com base em sua fé.

Assim como em todos os momentos de sua vida, minha mãe sempre confiou nas escolhas e caminhos desenhados por Deus. Até mesmo sua vida amorosa recebeu um toque e cuidado especial para que cada detalhe acontecesse conforme a vontade Dele. Hoje, casada há 22 anos com um homem cego e mãe de dois filhos, ela nem imaginava quão vitoriosa se tornaria sua história.

Meus pais se conheceram, por acaso, em uma lanchonete próxima a instituição de reabilitação para deficientes visuais que frequentavam, em 1987. De imediato não rolou nenhum interesse e estavam ali a convite do meu tio Almir apenas para lanchar. Mas, como Deus trabalha de forma misteriosa, o destino já havia sido traçado e preparado antes daquele primeiro contato e eles mal imaginavam que suas vidas tomariam caminhos juntas e fariam parte da mesma história.

Foi somente anos depois, em 1994, que o verdadeiro encontro aconteceu. Meus pais foram convidados para um acampamento, também de pessoas com deficiência visual, promovido pela Associação de Deficientes Visuais Evangélicos do Brasil (ADEVEB). Tudo ocorreu de maneira natural. Minha mãe foi chamada por um primo para auxiliar nas atividades e meu pai, Wilson, pelo meu tio para ir como convidado no evento. Consigo imaginar as cenas de cada momento, mas acredito que nada se compara a essência leve do que eles viveram ali.

O acampamento durou apenas três dias, mas foi tempo suficiente para Deus despertar o sentimento que já havia sido planejado. Eles conversaram sobre diferentes assuntos e a conexão foi imediata, sabiam que existia algo maior entre eles e com um propósito grandioso. O envolvimento foi tão intenso, que minha mãe foi até mesmo presenteada pelo meu pai com uma música durante uma serenata de homenagem feita pelos homens às mulheres. Ao som de "Trem azul" meu pai conseguiu demonstrar a paixão que estava sentindo e conquistar, mais um pouquinho, minha mãe.

O fim de semana passou, mas o que estava sentindo já havia crescido e não restavam dúvidas sobre o que imaginavam viver. Durante a volta para casa, o ônibus fez uma parada para desembarcar algumas pessoas. Foi a oportunidade que meu pai precisava para perguntar a ela se poderiam continuar conversando por telefone e minha mãe, sem hesitar, deu uma resposta que até hoje brincamos sobre o como foi essencial: "*Óbvio que sim*". Dias depois meu pai já estava na casa dos meus avós para pedir minha mãe em namoro e saber se poderiam ou não seguir adiante.

Com a aprovação da família e a bênção gerada, decidiram confiar no que tinham vivido e passaram a sonhar e lutar juntos. Meus pais sabiam que havia um grande propósito naquela união e se mantiveram firmes enfrentando as dificuldades e obstáculos. Nada foi fácil e durante os anos eles se prepararam, organizaram e decidiram que era hora de se casar. O *gran finale* aconteceu em 22 de março de 1997, com uma linda cerimônia que reuniu a família, os amigos e trouxe muitas felicidades, inclusive uma linda filmagem caseira, tradicional na época. São 23 anos de vitórias, crescimento, enfrentamento de dificuldades juntos e, principalmente, de muita fé.

Hoje, aos 22 anos, pensando em toda a minha história, chego a uma conclusão: ser filha de um casal com deficiência visual é se colocar, todos os dias, no lugar do outro. Compreendo as diferenças que todos sempre me questionaram e consigo perceber o quanto sou privilegiada por todas as experiências que passei e conhecimentos que adquiri devido a elas. Foram diversas situações que me marcaram de alguma forma e moldaram quem eu sou hoje.

Apesar de agora ter a consciência do que nós somos e representamos para a sociedade de modo geral, nem sempre foi assim. Uma vez me perguntaram quando e como eu descobri que meus pais não enxergavam. Me lembro de ter ficado surpresa e um pouco chocada com a pergunta, já que eu nunca tinha pensado nessa questão, para mim tudo o que acontecia à minha volta era normal. Crescer em uma família com outros três deficientes visuais e primos que já haviam lidado com situações semelhantes me fizeram criar uma armadura sobre a minha realidade, ao ponto de me incomodar com perguntas e questionamentos.

Depois de tudo o que aprendi e refleti sobre minha história, hoje deixei para trás este receio e consigo identificar um momento de reconhecimento sobre a minha vida. Eu tinha em torno de 6 anos e estávamos sentados em volta da mesa de jantar quando eu perguntei aos meus pais o quanto eles me enxergavam. Como resposta ouvi um: "só um pouquinho". Em uma reação de criança, subi na cadeira e gritei "onde é que eu estou agora?" – como se a minha voz já não denunciasse minha posição. Meus pais riram e apontaram para mim, afirmando onde eu estava. Naquele instante eu tive certeza de que eles enxergavam o suficiente para saber onde as coisas estavam.

Foi somente anos depois, com os acontecimentos do dia a dia, que de fato consegui compreender que existiam limitações visuais diferentes para a minha mãe e para o meu pai. Passei por situações que até hoje me assustam pela forma como ocorreram. Como quando não me atentei em desviar meu pai e ele se chocou contra um telefone público ou quando deixei um prato cheio na borda da mesa e minha mãe esbarrou e o derrubou. Todo um processo foi necessário para que eu e meu irmão fossemos compreendendo a forma como as coisas deveriam ser para garantir a segurança e qualidade de vida para os nossos pais.

Desde pequena fui ensinada a alguns hábitos que podem até ser considerados comuns do ponto de vista da organização, mas que são essenciais na minha vida principalmente por zelar pelo cuidado com o próximo. Entre os mais importantes estão: não deixar os brinquedos espalhados, sapatos e objetos no meio do caminho, itens com pontas ou frágeis em lugares expostos e o hábito de recolocar as coisas exatamente, ou quase, no mesmo lugar. Sempre tentamos respeitar ao máximo essas regras para que nossos pais não se machucassem, claro que houve deslizes, infelizmente.

Devido às limitações visuais dos meus pais, existem diversos outros costumes que passaram a ser de responsabilidade minha e do meu irmão, apesar dele ter 11 anos. Grandes exemplos são a leitura de documentos, a necessidade de ajuda para procurar itens pela casa, além de acompanhar a realização de compras, idas ao médico e locais ainda não conhecidos.

Apesar desses pequenos deveres, nada se compara ao que nós aprendemos com eles. Meus pais nos ensinaram a cozinhar, limpar, consertar, costurar, se auto cuidar e, principalmente, ter autonomia e independência para resolver nossos problemas com segurança e sabedoria. Existe uma frase que meus pais usam muito quando se referem as ajudas que nos pedem: *"Eu só peço pra você fazer sozinho, aquilo que eu não posso fazer"*.

Posso dizer que somos os olhos dos nossos pais. Isso é um grande privilégio e ao mesmo tempo muita responsabilidade. Você desenvolve um lado mais empático naturalmente e quando se vê, está ajudando pessoas desconhecidas na rua com a maior tranquilidade e comprometimento possível, pensando que ali poderia ser sua mãe ou seu pai. Ter pais com deficiência, sejam elas físicas ou psicológicas, não é de forma alguma uma dificuldade a ser enfrentada, mas sim um caminho para evoluir, aprender e amar.

"Pais, mães, avós, tios, tutores em geral não desistam diante das dificuldades. A tua falta de coragem poderá causar na criança muitos prejuízos e, neste século, isso é totalmente impossível e até imperdoável que venha a acontecer, em virtude dos inúmeros serviços existentes pelo país". (grifos da autora)

CAPÍTULO 5
A ORDEM É NÃO DESISTIR!

Lembre da minha ordem: "Seja forte e corajoso! Não fique desanimado, nem tenha medo, porque eu, o Senhor, seu Deus, estarei com você em qualquer lugar para onde você for!" Josué 1:9.

Quezia é minha prima, nasceu em julho de 1978, em São Paulo. Filha dos meus tios Ribamar e Rosário, irmã do meu primo Alberto, casada com Magno e mãe do meu priminho Abner. Filha de pastores, irmã de ungido, casada com pastor e mãe de profeta, portanto cumpri-se a santa palavra em sua vida que diz: "Eu e a minha casa serviremos ao Senhor."(Josué 24:15).

Quando Quezia nasceu meus tios já eram convertidos, e desde pequena ela foi instruída a conhecer o poder do evangelho que salva, cura, liberta e transforma o mais vil pecador *"Porque não me envergonho do evangelho de Cristo, pois é o poder de Deus para salvação de todo aquele que crê." (Romanos 1:16)* Sendo assim ela segue crendo em Jesus Cristo e no sacrifício da cruz por nós *"E nós temos crido e conhecido que tu és o Cristo, o filho de Deus."(João 6:69)*

Em 1977 meus tios entregaram suas vidas para Cristo, passaram pelas águas batismais em 1978 (a minha tia já estava grávida). E ainda na gestação, ela recebeu uma palavra quando participava de um encontro com as irmãs do circulo de oração da igreja. Com a mão em seu ventre uma irmã disse: *"Essa que está em seu ventre é a sua prometida que tanto*

me pediste em oração, e ela é uma ungida separada para minha obra"...
*No livro de Jeremias 1:5 diz: "Antes que te formasse no ventre, te conheci; e
antes que saísse da madre, te santifiquei; às nações te dei por profeta.*" Meu
primo já era nascido, (um garoto com a alma mais generosa, um grande
parceiro). Minha tia teve uma gravidez complicada e cheia de cuidados,
por isso o motivo das orações. *"E tudo o que pedirdes na oração, crendo,
o recebereis."* (Mateus 21:22 e Marcos 11:24).

Em agosto daquele ano meus tios apresentaram Quezia ao Senhor
Jesus. Ela foi crescendo e se desenvolvendo dentro daquele ambiente
espiritual, frequentava a EBD (Escola Bíblica Dominical) participava
dos trabalhos e ministérios da igreja, sempre atuante e envolvida nas
etapas próprias da sua faixa etária. Assim ela foi absorvendo, aprendendo
e agregando à sua vida todas as coisas relacionadas ao Reino de Deus.
*"Instrui o menino no caminho em que deve andar, e, até quando envelhecer,
não se desviará dele."* (Provérbios 22:6).

Aprendeu muito cedo a trabalhar na obra do Pai Celestial, na igreja
tudo o que era direcionado a ela, sem sombra de dúvida ela cumpria e
se submetia. Logo foi perceptível, e não foi difícil entender, que ali deu-
se início a um chamado, iniciava-se um grande ministério em sua vida.

Foi em meados dos anos 80 para os anos 90 que meu tio recebeu
o convite para o ministério pastoral e em um breve espaço de tempo
veio a consagração ao pastorado em sua. Vale ressaltar que minha prima
cresceu na mesma igreja onde meus tios aceitaram Jesus e mais tarde se
tornaram pastores. Imagino que para eles deve ter sido um privilégio
conduzir o crescimento físico e espiritual naquela igreja.

Em Dezembro de 1990 Quezia foi batizada, foi a melhor e a mais
importante decisão da sua vida. E aos doze anos de idade ela foi selada
com o batismo do Espírito Santo. Para ela foi uma honra receber o
selo e a marca da promessa, um momento inesquecível e glorioso em
sua vida, só quem já teve essa experiência sabe do gozo, paz e alegria
que é viver esse momento, é inexplicável! É muito difícil externar esse
sentimento, só mesmo vivendo na prática pra chegar na compreensão
de como é maravilhosa e fenomenal essa experiência.

Depois que o meu tio, um homem de Deus, servo fiel, temente, ilibado na palavra, determinado e corajoso, se tornou pastor, nao imaginem vocês que ele aliviou para minha prima. Muito pelo contrario! Não sei dizer se foi inconsciente, mas ele pesou para o lado dela. Tudo que você imaginar de atividades dentro de uma igreja ela fez; trabalhou com crianças, juniores, adolescentes, jovens e até com adultos. Ela acredita que meu tio como pastor foi um canal de benção para sua vida e, com certeza, ele foi usado e direcionado por Deus para que ela passasse por toda aquela experiência. Era normal que no meio daquela transição ela não compreendesse muita coisa, mas hoje com certeza ela entende perfeitamente. *"Respondeu Jesus, e disse-lhe: O que eu faço não o sabes tu agora, mas tu o saberás depois."* João 13:7. Minha prima era grata a Deus pela vida dos seus pais, eles souberam conduzi-la nos caminho do Senhor Jesus, se não fosse essa determinação, a minha prima não chegaria até aqui: *"Até aqui nos ajudou o Senhor."* I Samuel 7:12.

Família pastoral tem que abrir mão de muitas coisas por amor à obra de Deus. *"Filho meu, atenta para as minhas palavras; às minhas razões inclina o teu ouvido. Não as deixes apartar-se dos teus olhos; guarda-as no íntimo do teu coração. Porque são vida para os que as acham, e saúde para todo o seu corpo. Sobre tudo o que se deve guardar, guarda o teu coração, porque dele procedem as fontes da vida".* Provérbios 4.20-23. Quezia e sua família serviram em outras congregações do campo de Madureira-SCS, mas ficaram muitos anos juntos com os irmãos da Assembleia de Deus Jd. São Jorge-Butantã onde iniciaram a carreira na fé e história com Deus. Essa igreja proporcionou uma aprendizagem incrível em sua trajetória, estrutura espiritual, graça e conhecimento. *"Antes, crescei na graça e conhecimento de nosso Senhor e Salvador Jesus Cristo."* I João 3:18.

Meu tio é nosso "pai na fé", quando ele se converteu, logo tratou de ir nos visitar em Pouso Alegre onde morávamos. Ele chegou num sábado e todo feliz contou para meu avô que a vida dele havia mudado, ele queria apresentar essa felicidade para nós. Naquele dia, ele chamou todos para uma conversa e ficou horas e horas falando do amor de

Deus, já de madrugada após essa longa conversa meu avô aceitou Jesus. No dia seguinte meu tio saiu pela cidade a procura de uma igreja para nos levar, parecia que tínhamos sido convidados para uma grande festa. À noite toda a minha família estava sendo apresentada para o pastor da igreja, e realmente parecia que todos estavam à nossa espera, foi uma alegria geral. Eu levei alguns meses para tomar minha decisão, e pouco a pouco a minha família foi se convertendo e nossas vidas começaram a ser ajustadas dentro dessa nova decisão de fé. A minha avó demorou um pouco para tomar a sua decisão, toda a minha família era espírita. A conversão para a minha família foi uma mudança com resultados refletidos em retidão e em nosso empenho em seguir o Salvador Jesus. *"E se o meu povo, que se chama pelo meu nome, se humilhar, e orar, e buscar a minha face, e se converter dos seus maus caminhos, então, eu ouvirei dos céus, e perdoarei os seus pecados, e sararei a sua terra." 2 Crônica 7:1*

As coisas foram ficando mais conectadas e juntos, nossa família e a família do meu tio, pudemos vivenciar o agir de Deus na vida da minha prima que ainda criança foi curada da bronquite. Aos seis meses de vida ela teve uma crise de bronquite muito severa. A narrativa desse acontecimento foi que, ao ser diagnosticada deu-se início ao tratamento. Um determinado dia, a minha tia teve uma atitude de fé, Quezia estava muito ruim e com uma febre que não passava. A preocupação da sua mãe era grande, no período do tratamento ela não podia sair de casa, tinha que ficar isolada devido ao mau tempo. Aquela era época de muito frio e garoa em SP, o inverno era muito rigoroso e por, alguma razão, a minha tia se questionava: - Mas que crente sou eu? Não tenho ido à igreja por medo de sair com minha filha nesse estado ela piorar, por outro lado, se ela não ficar bem vou ter que sair com ela assim mesmo para o hospital. Quer saber eu tenho que agir!

A minha tia é uma mulher de fé e comprometida com Deus, sempre foi assídua na igreja e nunca ficou sem cultuar a Deus. Foi nesse impulso de fé que ela se arrumou, enrolou a sua filhinha em um cobertor para que pegasse friagem e foi rumo a igreja. Chegando na igreja ela seguiu para o altar, e num ato de desespero pediu ao pastor que orasse pela sua filha que estava muito mal. Ele imediatamente, junto com a igreja, levantou um clamor à Deus e após a oração elas ficaram ali quietinhas; a febre foi diminuindo e a tosse passando até que Quezia adormeceu. Quando retornaram pra casa ela tomou uma mamadeira, dormiu e só acordou no dia seguinte sem febre e sem tosse. Para confirmação desse grande milagre, minha tia levou-a ao médico, eles fizeram vários exames e nada mais constou, não acharam nada. *"É Ele que perdoa todas as tuas iniquidades e sara todas as tuas enfermidades."*(Salmos 103:3) E assim fomos nos familiarizando com a história de milagres na vida da minha prima.

Em 1998 eu e meu marido nos mudamos para Orlando-FL, e muitos momentos na vida da Quezia eu só acompanhei de longe, muitas vezes oramos juntas por telefone, mas a sua persistência na fé sempre me chamou a atenção. Quando eu decidi escrever esse livro ela foi a primeira pessoa com quem conversei, eu queria escrever sobre ela, eu queria entender a sua resiliencia. E carinhosamente a minha "primiga" como costumo chamá-la aceitou me compatilhar sua história, a fase que eu não estava presente. Foram muitos momentos de conversas por telefone e alguns pessoalmente, quando estive no Brasil em 2018 e 2020.

Na verdade eu não sabia o que havia acontecidoque levou a perda da sua visão do olho direito, foi numa dessas conversas que ela me contou. Aos onze de idade na escola em que ela estudava, durante a aula de educação física num torneio de queimada, o time adversário jogou a bola (que nao era nem grande nem pequena) acertando certinho no côncavo de seu olho. Na hora doeu muito porque a bola veio em uma velocidade descontrolada devido ao ritmo do próprio jogo. Ela foi para casa e contou sobre o que havia acontecido para a minha tia, mas tudo parecia normal. Os dias foram passando e o olho foi ficando vermelho, mas ela não sentia dores.

A minha tia percebeu que aquela reação no olho não era normal, achou que era conjuntivite e resolveu levá-la ao oftalmologista. Foram ao pronto atendimento de oftalmo da USP, onde iniciou o tratamento e entre idas e vindas meus tios perceberam que o problema não estava sendo solucionado. Observaram também umas mudanças de comportamento no cotidiano da Quezia. Ela derramava líquido fora dos recipientes, deixava coisas cairem quando ia colocá-las no lugar e não percebia presença e ausência de pessoas e objetos do seu lado direito. Foi então que meus tios decidiram fazer um teste bem simples, pediram que ela fechasse o olho esquerdo e perguntaram:- Quantos dedos tem aqui? E para o espanto e surpresa deles, ela nao sabia responder. Na verdade nem ela percebeu que estava gradativamente perdendo a visão. Meus tios ficaram chocados e, num ato desesperado, decidiram levá-la em uma consulta particular, apesar do tratamento com os oftalmologistas da USP não sucedidos. Na clínica de olhos ela fez uma série de exames, todos os necessários e o diagnóstico foi assustador *"deslocamento total da retina"*. Meus tios ficaram em estado de choque, entraram em pânico, pois mesmo procurando atendimento na USP, os médicos não perceberam que ela já tinha perdido a visão completamente.

Os médicos perguntaram porquê eles não a levaram no dia do acidente ou antes que a situação chegasse naquele ponto. Meus tios explicaram que ela já estava em tratamento e que eles estavam confiando nos procedimentos médicos. Enfim, mesmo leigos diante daquela situação, meus tios puderam externar suas preocupações. O médico explicou que provavelmente a batida no olho tinha sido muito forte. Meus tios ficaram desesperados, mas o médico tentou acalmá-los dizendo: - O que eu posso sugerir é que ela vá para uma avaliação médica nos EUA.

Os meus tios queriam saber se havia chance e o médico explicou que ela teria 1% de chance de recuperar a visão e 99% de não recuperar. A conclusão óbvia estava na explicação do médico que dava quase nenhuma esperança de recuperacao, os gastos estavam fora do orçamento dos meus tios, e nao haviam garantias de um resultado positivo. *"Em tudo dai graças, porque esta é a vontade de Deus em Cristo Jesus para convosco."* (I Tessalonicenses 5:18). *Segundo dados do World Report on Disability 2010 e do Vision 2020, a cada 5 segundos, 1 pessoa se torna cega no mundo. Além disso, do total de casos de cegueira, 90% ocorrem nos países emergentes e subdesenvolvidos. Estima-se que, em pouco tempo, o número de pessoas com deficiência visual se multiplicará no mundo(grifos da autora).*

Eu sabia que a minha prima não iria desistir assim tão fácil, ela não ia permitir que ninguém sentisse pena dela, a sua vida precisava seguir, e nesse percurso muita coisa boa foi acontecendo. Foi na adolescência que algo extraordinário aconteceu, uma transformação radical na sua voz. Essa transformação foi vista com muito amor, pois Quezia viu o favor, a graça, a benevolência, a benignidade e a misericórdia de Deus escancarada diante da sua vida. Sabe aquilo de não merecermos nada pois somos tão indignos? Pois é, mas mesmo assim a graça de Deus a alcançou, não foi só um dia não, foram todos os dias mesmo sem ela merecer, como se expressou sabiamente Jacó em sua oração dizendo: *"Não mereço todo o amor e toda a fidelidade que tens demonstrado para comigo."* (Gênesis 32:10) Realmente tudo é pela graça de Deus, sem Ele nós não somos absolutamente nada e sem Ele nada podemos fazer, *"Eu sou a videira; vocês são os ramos. Se alguém permanecer em mim e eu nele, esse dará muito fruto; pois sem mim vocês não podem fazer coisa alguma. João 15:5.*

Quezia tinha uma admiração pelos levitas da casa do Senhor, ela ia para os cultos e ficava prestando a máxima atenção nos louvores, e isso foi se intensificando a cada dia dentro dela. Os períodos de festas, congressos e eventos nas igrejas eram uma tortura, ela desejava louvar como eles e não podia. Ela sempre ficava sentada admirando os levitas louvando e adorando ao Senhor Jesus com suas vozes como instrumentos afinados e perfeitos. Ela não tinha uma bela voz cantando, foi ela mesma quem disse que sua voz parecia uma cigarra desafinada, e que até hoje sua voz conversando parece uma taquara rachada.

Acho que sua voz é um sinal de Jesus para que não haja dúvidas do agir dEle. Porque existe uma grande diferença entre falar e cantar. Sabe o que ela fez? Começou a pedir uma voz bonita pra Jesus, afinal ela queria louvar como aqueles levitas. Toda vez que ela ia para o culto e via aqueles adoradores servindo a Deus com suas vozes, ela orava à Deus e pedia com toda força e sinceridade do seu ser e com o seu coração totalmente aberto: "-*Pai me dá uma voz assim, eu quero louvar bonito para ti meu Senhor.*" E vocês acreditam que Ele atendeu o pedido do seu coração? De verdade! Olha, eu considero um verdadeiro milagre que Ele teve que realizar. Em João 16:24 diz assim: "*Até agora, nada pedistes em meu nome; pedi, e recebereis; para que a vossa alegria seja completa.*" Todo esse processo não foi de repente, a voz foi passando por uma transformação brutal, para não dizer uma mutação. E isso só pra louvar, viu! É difícil entender, né? Mas foi assim que aconteceu! Tudo foi acontecendo gradativamente e, entre os quinze e dezessete anos, ela já estava com a voz completamente transformada, louvando ao seu Senhor para Sua glória. Ele realizou o desejo do seu coração cumprindo sua palavra que dizia: "*Deleita-te no Senhor, e ele te concederá os desejos do teu coração.*" (Salmos 37:4). O acontecimento foi tão extraordinário que os irmãos da igreja se espantaram com tamanha transformação na cantoria, Deus seja louvado! E foi assim que Quezia recebeu esse dom tão especial e maravilhoso da parte de Deus. Eu não considero só um dom, mas sim um chamado ao ministério de louvor na sua vida. Deus a chamou para adorá-lo e, é muito intenso o que ela sente através de cada ministração; o tocar, o agir e o trabalhar de Deus sendo referencial e diferencial em cada louvor que sai dos seus lábios. "*Mas a hora vem, e agora é, em que os verdadeiros adoradores adorarão o Pai em espírito e em verdade, porque o Pai procura a tais que assim o adorem. Deus é Espírito, e importa que os que o adoram o adorem em espírito e em verdade.*" (João 4:23 e 24). Deus está procurando verdadeiros adoradores que o adoram em espírito e em verdade e que seja eu e que seja você! Ele também achou graça na vida da Quezia... Somente Gratidão! Por isso... "*Eu te louvarei, Senhor, de todo o meu coração; contarei todas as tuas maravilhas.*" (Salmos 9:1) "*Louvarei ao Senhor em todo o tempo; o seu louvor estará continuamente na minha boca.*" (Salmos 34:1).

A vida da Quezia sempre foi marcada por grandes promessas de Deus que se cumpriram e se cumprem até hoje. Deus é fiel em todo tempo! *"Guardemos firmemente a esperança da fé que professamos, pois podemos confiar que Deus cumprirá as suas promessas."* (Hebreus 10:23). Eu acho incrível a forma como Deus sempre cuidou de tudo, *"Pois, se Deus veste assim a erva do campo, que hoje existe e amanhã é lançada ao fogo, não vestirá muito mais a vocês, homens de pequena fé?"*(Mateus 6:30). Esse versículo tem um grande significado na vida da minha prima, foram muitos momentos em sua vida em que Ele prometeu que a honraria como uma princesa. Sua festa de 15 anos e seu casamento foram dois eventos que, particularmente, ficaram registrados na sua história, e não por méritos humanos mas exclusivamente por méritos divinos, as duas festas superaram nossas expectativas, mas em especial o seu casamento que foi um grande presente de Deus.

Quando ela e Magno decidiram se casar, eles não sabiam direito como tudo iria acontecer. Decidiram marcar a data, e a partir daí as bênçãos começaram acontecer, foram milagres atrás de milagres e surpresas atrás de surpresas. Deus falou que iria providenciar tudo e assim Ele fez. Bom, se eu fosse contar tudo detalhadamente sobre o seu casamento, mais um testemunho grandioso e glorioso do agir de Deus na sua vida, seria um novo capítulo para o meu livro (risos). Enfim, ela foi às compras das alianças, escolheu uma bem grossa que era o seu sonho. Quem a presenteou mandou ela escolher a que ela queria, e isso nos confirma que Deus sonda nossos corações e conhece cada um dos nossos desejos. *"Deleita-te também no Senhor, e te concederá os desejos do teu coração".* Salmos 37:4, *"Porventura não conhecerá Deus isso? Pois ele sabe os segredos do coração."* Salmos 44:21.

Quezia ganhou os convites, a lua de mel, o dia da noiva (foi um luxo), ganhou o carro para levá-la até a igreja, muitos presentes... E a data do casamento chegando... Só faltava encontrar o tão sonhado vestido de noiva, ela e minha tia já estavam cansadas de procurar um vestido que se encaixava no orçamento da família, elas já tínham ido em todos os lugares possíveis e nada. Um certo dia elas saíram à procura do vestido, desanimadas e já desistindo de continuar a jornada naquele dia, resolveram entrar numa loja. Sabiam que na verdade naquela loja não encontrariam nada (elas estavam igual Natanael em João 1:46- *"Disse-lhe Natanael: Pode vir alguma coisa boa de Nazaré? Disse-lhe Filipe: Vem, e vê!"* risos... Brincadeira! Entraram por desencargo de consciência, era uma "lojinha tão pequena", mas sabe aquela famosa expressão popular "de onde não se espera é que vem algo"? Elas foram muito bem atendidas. A propria dona da loja mostrou muitos vestidos lindos, Quezia até gostava de alguns, mas ao verificar o preço, ficava desanimada, o preço era inviável para orçamento.

Quem quer vender não desiste, a dona da loja foi persistente, ela queria saber o que era viável para elas. Elas ficaram com vergonha de responder pois o valor de todos os vestidos que a minha prima gostava, em todas as lojas que elas pesquisaram, nem se aproximava do valor que podiam pagar. A dona da loja sentou e ficou parada por um instante e disse: "- Espera aí, vocês não vão sair daqui sem o vestido, já volto!" E saiu. Quando ela retornou, trouxe uma capa enorme e dentro um vestido de noiva. Toda entusiasmada disse: "-Olha, fui verificar com as minhas costureiras e elas estão terminando esse vestido aqui, não sei se é o que você quer mas eu acho que corresponde às suas expectativas."

Quando ela abriu aquela capa e minha prima viu o vestido, ela ficou encantada, era tudo que ela queria, um modelo medieval lindíssimo! Ela provou o vestido e parecia ter sido feito para ela, estava impecável, caiu como uma luva, só precisava ajustar a cintura porque a ela era bem magrinha. Mas quando a mulher disse o valor, o sonho mais uma vez foi interrompido, estava fora do orçamento. Mas Deus conhecia o coração e a fidelidade dos meus tios e o impossível aconteceu. Minha prima cria no milagre e algo extraordinário aconteceu, após uma boa conversa, a dona da loja acabou fazendo um preço que cabia no orçamento. A única exigência que fez foi que a roupa da dama, pajem, das meninas floristas e da mãe da noiva fossem feitas com ela. E assim, o sonho do vestido de noiva foi realizado.

O casamento se aproximava e faltava o local para a recepção. O patrão do noivo havia prometido que próximo da data do casamento ele faria um acordo para suprir todas as despesas da recepção. Mas, além de não cumprir sua promessa, o patrão quis dar uma lição de moral nos noivos: "-Olha, desistam de fazer a recepção dessa forma, você não pode fazer casamento de rico". Apesar disso ele foi uns dos padrinhos. Contudo Deus honrou os noivos e esse padrinho teve que ver a glória de Deus agindo em favor deles. Com apenas um mês e alguns dias para o casamento, para aflição de todos, eles ainda não tinham um lugar para fazer a festa. Deus estava trabalhando em favor da situação e foi numa reunião de obreiros onde Quezia, o noivo e meus tios conseguiram o contato de uma irmã proprietária de um buffet. Quezia tratou de telefonar e marcar um encontro naquela mesma tarde, meus tios ficaram na reunião e meus primos foram ao encontro da empresária. Quando eles chegaram naquele endereço, duvidaram se estavam no lugar correto, sabe aqueles pensamentos sem sentido? Quezia já foi pensando que não tinham condições de entrar naquele lugar chiquérrimo, bobagem! Em alguns minutos a dona do local veio conversar com eles.

Meus tios continuaram na reunião de oração e o pastor palestrante exortou minha tia: "- Querida irmã acalma o teu coração, não te preocupes tanto com aquela situação. O Senhor Jesus já tem tudo preparado para ela, tudo muito especial, do bom e do melhor. O Senhor Jesus será glorificado através de tudo isso!" Ao mesmo tempo Quezia verificava o cardápio que, cá entre nós, era muito variado. Pensem num buffet de primeira linha, tudo muito elegante e nada convencional. Quezia ficou em choque, suas pernas tremiam. Se já foi difícil pagar o vestido como ela pagaria por uma recepção tão sofisticada? Ela se perguntava o que estava fazendo ali, nervosa só pensava em sair dali. De repente ela ouviu a pergunta: "- Algum desses planos se enquadram no que vocês procuram?" ela respondeu: "-Nenhum! E tratou de encerrar logo aquela conversa, dizendo que voltariam a entrar em contato e agradeceram a receptividade.

Meus primos sabiam que aquele padrão não era o deles. A empresária não desistiu e os alertou que a proximidade do casamento tornava a decisão urgente. Ela disse que tinha um plano B. Ufa! Havia uma luz no fim do túnel. Apresentou um plano mais acessível que tinha um nome bem complicado. Um nome chique que eles inventaram para bolo com champanhe. A dona do Buffet complementa dizendo: "- É muito chique!" mas Quezia logo pensou: "- Hmmm! E muito caro pra ser só isso." Trataram de finalizar aquela conversa e decidiram aceitar a proposta, afinal não havia mais tempo até a data do casamento.

Naquela mesma semana, para surpresa dos noivos, a empresária e seu esposo foram até a casa dos meus tios. Chegaram à noite e todos estavam reunidos, inclusive o noivo. Tudo orquestrado por Deus. A empresária disse aos meus tios que primeiro queria falar com eles e depois com os noivos. Após conversarem por algum tempo os noivos foram chamados. Meus tios tinham os olhos marejados de lágrimas e meu tio, um homem sábio, pediu para meus primos prestarem atenção no que a senhora tinha para falar. Então ela começou a explicar que desde o dia em que eles estiveram no buffet ela não ficou em paz, dia e noite o Senhor a incomodava dizendo: "- Abençoa a minha filha, abençoa ela!"

Ela continuou explicando que Deus a incomodava todos os dias, então ela resolveu conversar com Deus e colocou a situação à prova. Ela disse a Deus que daria a festa para eles se Ele permitisse que o contrato que há anos ela vinha tentando fechar se concretizasse. O contrato determinava que somente a empresa dela atenderia todo o Bradesco na região de SP. O contrato foi fechado e os noivos tiveram uma festa impecável. O Senhor novamente agiu e preparou muito além do que haviam pedido ou imaginado. Quando o Senhor começa a boa obra Ele é fiel para terminar, *"Estou convencido de que aquele que começou a boa obra em vocês, vai completá-la até o dia de Cristo Jesus."* Filipenses 1:6 Quando Ele fala que vai fazer, Ele faz e, quando Ele nos promete o melhor dessa terra, Ele cumpre. *"Se quiserdes e me ouvirdes, comereis o melhor desta terra"* (Isaías 1:19).

O resultado foi grandioso, o contrato que a empresária queria com o Bradesco ela conseguiu. Valeu a pena! *"Deus não é homem para que minta, nem filho do homem para que se arrependa. Acaso ele fala e deixa de agir? Acaso promete e deixa de cumprir?" (Números 23:19).* Eu confesso que fico sem palavras diante da grandeza do nosso Deus, pois o que Ele fala Ele cumpre através de ação sobrenatural e da nossa fé e é através dessa fé que enxergamos além do que os nossos olhos podem ver e imaginar. *"Ora, a fé é o firme fundamento das coisas que se esperam e a prova das coisas que se não vêem." (Hebreus 11:1) "Porque em verdade vos digo que, se tiverdes fé como um grão de mostarda, direis a este monte: Passa daqui para acolá e há de passar; e nada vos será impossível." (Mateus 17:20)* Enfim, aos vinte e cinco anos de idade Quezia casou com seu "Mozão" trintão, no dia 04/10/2003, na Assembleia de Deus em São Caetano do Sul-SP.

Dois anos depois nasceu seu primeiro filho que recebeu o nome de *Abner*, criança muito amada e abençoada, sua promessa. Mais um grande milagre da parte de Deus para sua vida. Uma outra fase, uma nova etapa, e mais um capítulo da sua história de vida, um dos mais lindos.

Recapitulando quando Quezia tinha uns 11 anos, como consequência da lesão do olho direito, um pequeno desvio e uma mancha branca no centro do olho sobrevieram. Por causa disso, ela usava uma lente corretiva que camuflava o problema e dava so olho uma aparência normal. Era como uma maquiagem ocular, uma projeção de um olho bom sobre o olho ruim.

Um certo dia em fevereiro de 2009, ela estava muito atarefada em sua casa. Quando finalmente terminou, estava muito cansada, mas antes de ir para cama tinha os cuidados com a lente. Essa rotina a deixava muito estressada e o olho irritado. Naquele momento de irritação ela acabou falando palavras que não deveria ter falado e palavras tem poder. As palavras podem abençoar ou amaldiçoar no momento em que estão sendo lançadas. *"Mas a língua, nenhum homem a pode domar. É mal incontido, está cheia de veneno mortal. Com ela bendizemos ao Senhor e Pai, e também com ela amaldiçoamos os homens, feitos à semelhança de Deus. Da mesma boca procede bênção e maldição. Meus irmãos, não convém que isso seja assim." (Tiago 3:8,9,10).*

No dia seguinte, quando ela levantou, sentiu que algo estava errado, sensações novas e estranhas e dores muitas fortes no olho e na cabeça diante de algum foco de luz como tv, computador, celular, etc... O dia passou mas as dores não cessavam. Tentou dormir e descansar naquele dia para ver se aqueles sintomas passavam. Sem resultado positivo, ela teve que ir para o pronto socorro oftalmológico onde tinha convênio médico, graças a Deus! O caminho para a clínica foi terrível, a claridade dos faróis a incomodava e precisou ficar com os olhos fechados. Chegando na clínica, foi imediatamente atendida e diagnosticada, estava sofrendo de uma forte pressão no olho devido a catarata envelhecida se deslocando dentro do olho. Na verdade uma parte se deslocou e a outra continuou no mesmo lugar, a metade que não se deslocou fazia uma forte pressão dentro do olho tentando se mover, sem sucesso.

Ela foi então medicada para aliviar as dores e aconselhada a procurar um especialista em catarata para uma avaliação cirúrgica. Era necessário fazer a remoção daquela catarata e foi a partir daí que começou um calvário na vida da Quezia e sua família. Foram vários dias de muitos exames e analises do que poderia ser feito.

Um certo dia ela estava no grupo de oração e uma irmã foi até Quezia e disse: "- *Olha o vento vai passar, você está preparada? O vento vai soprar muito forte, e a palmeira vai balançar pra lá e pra cá até se dobrar, mas ela não vai quebrar e nem vai cair porque o Senhor não vai deixar. Você vai passar pelo vale, vai passar pelo deserto mas nesse vale e nesse deserto o Senhor estará com você o tempo todo, não tenha medo, não te espante, não se apavore e nem se atemorize porque em todo tempo o Senhor cuidará de você, tudo será para glorificar o Senhor!"*

Quezia não tinha ideia do que estava por vir, mas, aproximadamente quinze dias depois, uma consulta com o médico cirurgião oftalmologista aconteceu. Ela e o esposo compareceram e ela estava muito apreensiva na sala de espera, quando foi chamada, estava temerosa e assustada com tudo que pederia vir. Entraram e um médico muito educado e prestativo os aguardava. Naquela conversa ele explicou que verificaram todos os exames, e observaram que realmente era necessário fazer uma cirurgia com muita urgência para que ela ficasse livre daquele incômodo.

O médico pacientemente explicou que eles poderiam fazer uma raspagem no olho para remoção da catarata velha, porque o trauma ocular era bem antigo. Mas que, ao fazer o procedimento, ela teria que retornar em mais ou menos seis meses para uma nova etapa do procedimento, porque, ao fazer a cirurgia, o olho iria começar a atrofiar e fechar aos poucos, na verdade o olho iria definhar gradativamente e ficar com a aparência de um maracujá seco.

Assustada e trêmula naquela cadeira, ela continuou ouvindo as recomendações, o retorno seria inevitável. A explicação foi longa, palavras complicadas, muitas explicações e como conclusão, "evisceração com implante de prótese ocular". A minha prima ficou em estado de choque olhando para o médico, em sua mente se perguntava: "-Mas o que é isso Doutor?"

Ele seguiu detalhando o procedimento, evisceração com implante de prótese ocular é a remoção total e completa do olho direito (ela ficou ali por alguns minutos sem nenhuma reação, paralisada, não sei dizer o que estava passando em sua mente!). O médico percebeu sua expressão e tentou acalmá-la. Seu marido, o "Mozão", tambem percebeu que a coisa ficou séria e pegou em sua mão carinhosamente. O médico explicou como tudo seria feito, com a tecnologia disponível tudo ficaria mais fácil. Na evisceração, o conteúdo do globo ocular é removido, mas os músculos responsáveis pelos movimentos dos olhos são preservados. Após o procedimento, a esclera, conjuntiva e os músculos mantidos auxiliam na adaptação do paciente à prótese ocular que é colocada na estrutura ocular. O implante da prótese ocular atua como uma esfera, repondo a forma e volume do olho que foi removido. Na sequência, é colocada uma lente de acrílico sobre a conjuntiva (já fechada sobre o implante) que possibilita a moldagem da área operada até que o paciente se adapte a lente escleral pintada ou prótese ocular. Além disso, é possível que a prótese possibilite algum tipo de movimento no olho, proporcionando um conforto estético, através da melhora na aparência pós-operatória.

Sair correndo ou chorar, eu não sei se essa reação passou pela mente de minha prima naquele momento, mas para mim é difícil ate mesmo narrar esse episódio! Nada estava claro, meus primos pediram para o médico explicar mais uma vez porque nao conseguiam entender toda aquela situação. Eles precisavam entender. A conversa não foi fácil, o procedimento seria uma secagem de toda a parte líquida da olho, a estrutura do globo seria preservada para que, no lugar do parte líquida, fosse colocado uma prótese ocular. Seria uma prótese no formato de uma bolinha de gude, com o mesmo material de uma prótese mamária. A prótese preservaria a estrutura e forma e depois receberia uma lente de material rígido que complementaria a estética do olho.

Quanta informação! Não havia outra solução. Era necessário fazer a cirurgia e então eles iniciaram toda parte burocrática com o plano de saúde para que a cirurgia acontecesse. Depois da consulta, enquanto estavam na recepção, um filme passou na cabeça da minha prima, a ficha foi caindo e ela começou a chorar, foi desesperador! O "Mozão" da Quezia estava sempre ao seu lado, queria acalmá-la mas tava difícil, o que dizer naquele momento? Só conseguiu dizer: "- *Querida, tudo tem um propósito, fica em paz, vai dar tudo certo, Deus está no controle de tudo!*"

Um tempo difícil, ela não conseguia parar de chorar. Como passar essa nova fase da sua vida? Ela se questionava. Eles foram chamados novamente à sala do médico, a cirurgia foi marcada para o dia 28/02/09 às 10:00 horas. Wow! Ela respirou profundo e pediu a Deus sabedoria. Precisava se preparar para o dia da cirurgia, mas nem tudo saiu como estava planejado. Um pouco antes de saírem de casa no dia da cirurgia, receberam uma ligação do plano de saúde dizendo que o procedimento não foi aprovado porque a carência não cobria todas as despesas.

Meu Deus! Como assim? A cirurgia seria naquele dia, perplexos foram informados que somente a administração do plano de saúde poderia dar maiores informações.

Naquele momento eles precisavam confiar no agir de Deus! E assim foi feito, mas não ficaram de braços cruzados. Procuraram todas as formas possíveis de resolver o problema, mas infelizmente o plano de saúde não cedeu alegando que os custos seriam altíssimos. Nessa correria foram inúmeras tentativas frustradas. A questão agora era onde eles iriam conseguir a cirurgia. O tempo estava passando e eles ficaram muitos dias envolvidos tentando solucionar o problema em vão. Desistiram do plano de saúde e começaram a procurar um hospital público que realizasse o procedimento, pois não tinham condições financeiras de arcar com a cirurgia, além de tudo, tinha também o procedimento estético. Assim começou uma verdadeira maratona atrás de hospitais em São Paulo e região.

Nessa caminhada minha prima conheceu vários hospitais oftalmológicos, qualquer indicação de um hospital e lá estava ela e o esposo. Intermináveis madrugadas, mas sempre a mesma resposta. As coisas não eram tão simples, não era somente a cirurgia, mas também o procedimento estético, ela já estava cansada e a impressão que tinha era que ninguém se importava ou entendia que as dores a estava enlouquecendo. Cada nova consulta avaliativa era um sofrimento sem fim. Toda aquela rotina de idas e vindas sem nenhum resultado ou solução era preocupante.

Uma vez, em uma dessas consultas, uma pessoa disse que aquela situação só seria resolvido no SUS. Contudo precisaria que o olho lesionado estivesse pendurado, arrancado, esfolado, furado, acidentado, vazado, cortado ou sabe-se lá como! Seria isso mesmo que a pessoa estava dizendo? Meu Deus do céu como assim? Só porque aparentemente o olho da minha prima não estava saltando nem pulando para fora do rosto ela não podia operar?

A busca pela cirurgia gratuita levou meses, foi literalmente uma corrida contra o tempo. Meus tios estavam viajando *e a sogra da minha prima trabalhava tempo integral, lhe faltava tempo para* acompanhar de perto toda essa situação, e Quezia não tinha ninguém que pudesse acompanhá-la e sua árdua jornada. Meus tios já estava se organizando para retornar de viagem, mas enquanto isso pediram ajuda para minha mãe (que atualmente é enfermeira aposentada) para que pudesse acompanhá-la nas consultas, pois estava debilitada fisicamente, as dores de cabeça eram intensas e desesperadoras. Era como se houvesse um tumor em sua cabeça, ela sentia muita pressão, dores intensas e insuportáveis como agulhadas. Tomava remédios fortíssimos e por isso ela dormia praticamente todo o tempo que estava em casa.

Quando os meus tios chegaram de viagem, revezavam-se no cuidado, constantemente era preciso sair às pressas para a emergência. É triste relembrar tudo isso, foram tempos dores e ela não tinha tranquilidade. Tínhamos a impressão que ela iria enlouquecer. Incontáveis viagens à emergência, muita medicação intravenosa, mas o efeito anestésico era momentâneo.

Ninguém aguentava mais vê-la sofrer, decidiram juntar dinheiro para pagar a cirurgia em um hospital particular, pois a situação estava mais complicada a cada dia. Minha prima precisava de atenção e monitoramento o tempo todo. Meus tios não sabiam como iam pagar o tratamento, mas resolveram procurar uma clínica especializada e marcaram uma consulta. O caso foi analisado, e imediatamente a equipe médica informou a gravidade da situação. Tomaram uma decisão, a cirurgia foi marcada e o procedimento estético incluído. Deus fielmente preparou todas as condições necessárias para cirurgia, inclusive a financeira. *A maior provisão de Deus para nossas vidas foi Jesus Cristo seu Filho que morreu por nós para nos perdoar, salvar e conceder toda sorte de bênçãos. Efésios 1.3. Sem Jesus não temos nada e com Jesus podemos tudo porque o Senhor nos fortalece. Filipenses 4.13.*

Se cremos que Deus é Provedor, precisamos entender o que devemos viver sob esta provisão do Senhor. De acordo com nossas decisões e atitudes demonstraremos nosso nível de fé, e foi assim que os exames pré-operatórios foram feitos. Alguns remédios que ela precisou tomar até a data da cirurgia tinham efeitos colaterais fortíssimos. Mas eram necessários para controlar a pressão do olho e as fortes dores de cabeça. Antes da cirurgia passou por vários check ups na clínica para verificar se tudo estava bem e se ela estava reagindo bem com a medicação. Ela já começava a se sentir mais confortável com a situação. No dia 25/06/09 às 12:00h, o procedimento cirúrgico estava marcado, ela não era a única paciente, mais três paciente passariam por cirurgia de catarata mais simples. Quezia seria a última paciente por ser uma cirurgia mais complexa. Quando a chamaram para sala de anestesia, seu coração começou a bater mais forte e uma sensação de gratidão à Deus por está naquele lugar era imensa. A caminhada a procura do tratamento foi longa, e em meio a tantas lutas e dificuldades o sobrenatural de Deus se manifetou.

Como não comparará-la com uma Ostra, se não tivesse sido ferida de algum modo, não produziria lindas pérolas. Pérolas são feridas cicatrizadas (testemunho, ministério, familia).

As enfermeiras vieram prepará-la, enquanto isso outros dois pacientes já estavam sendo operados e o terceiro aguardava sua vez. Ela estava muito nervosa, mas ao mesmo tempo com sentia uma enorme felicidade, finalmente todo aquele sofrimento chegaria ao fim e ela ficaria livre de todos aqueles incômodos físicos tão indesejáveis.

Acreditem se quiser, mas coisas estranhas acontecem, Quezia já estava aguardando a sua vez, quando de repente um homem bem grande e forte (tipo o hulk, risos) saiu *correndo pelo corredor e entrou na sala onde ela estava, ele gritava que ia morrer, que ia morrer... meu Deus! ele foi na direção da Quezia gritando que ia morrer. Eu creio que ele estava surtando porque estava com medo da cirurgia, imagina a loucura momentânea naquele local, médicos, enfermeiros todos tentando acalmar o gigante!*

Bom, nem preciso dizer como Quezia ficou naquele momento, o coração saindo pela boca, ela foi dominada pelo medo, mas num ato de fé ela começou a orar enquanto os enfermeiros e médicos desesperados tentavam tirar o paciente da sala onde ela estava. Quando finalmente conseguiram tirar o gigante, digo o paciente, lembraram dela e tentaram tranquilizá-la. Depois de muito esforço levaram o paciente para outro setor. Com certeza ela sentiu o cuidado de Deus sobre a sua vida, e pouco a pouco ela foi sentindo tranquilidade e coragem para continuar. A enfermeira e o anestesista iam iniciar os procedimentos e após a medicação ela começou a ficar sonolenta mas não dormiu.

Foi conduzida para sala de cirurgia, a anestesia foi local (no olho que seria operado) o que permitiu que ela acompanhasse toda cirurgia. Conseguiu ouvir tudo que os médicos diziam e faziam, ela ficou um pouco sonolenta mas ciente de tudo ao meu redor.

A cirurgia foi dividida em duas etapas, a primeira foi com o cirurgião que fez a remoção do olho, que foi vazado e removido, a segunda foi um especialista em prótese que fez o implante ocular no lugar do olho retirado. Não foi fácil pra ela, durante o procedimento e em vários momentos ficou nervosa, levou bronca dos médicos e procurou se acalmar, caso contrário seria sedada. Ela queria ficar consciente e acompanhar tudinho. Já no final da cirurgia, quando eles estavam colocando a prótese, ela percebeu a alegria e satisfação dos médicos, era só elogio, a prótese ficou perfeita e bem ajustada. A prótese era de alta qualidade, a linha para dar os pontos era resistente e o tempo da cirurgia, tudo perfeito, a equipe trabalhou brilhantemente! Glória a Deus! *"Aqueles que semeiam com lágrimas, com cantos de alegria colherão. Aquele que sai chorando enquanto lança a semente, voltará com cantos de alegria, trazendo os seus feixes."* (Salmos 126:5-6).

No primeiro retorno pós-cirúrgico o médico disse que a linha usada para pontear o olho era uma linha importada, ela se desmancharia com o tempo dentro do olho e não era necessário remover os pontos. Foi incrível, os pontos demoraram tanto pra cair que ela já estava achando que os pontos iam ficar pra sempre lá (risos), foram mais ou menos dois anos para desmanchar tudo por completo e ela não sentir mais nada dentro do olho. *"As coisas que o olho não viu, e o ouvido não ouviu, e não subiram ao coração do homem, são as que Deus preparou para os que o amam."* (I Coríntios 2:9)

Finalmente Quezia voltou a ser feliz, estava livre daquele problema, a família pode voltar a sua rotina.

Eu acredito que a pior experiência que ela viveu, após a cirurgia, foi na retirada do tampão. Ela evitava se olhar no espelho, mas, um dia, de relance, ela deu uma paradinha básica na frente do espelho do banheiro. Ela se assustou com a imagem refletida, ela não acreditou que era mesmo ela e decidiu voltar e ver direito aquela imagem. Foi inevitável, entrou em choque e desespero. Seu rosto estava totalmente deformado, muito inchado, roxo, vermelho e muito escuro em algumas partes. Ela não tinha visto seu rosto no espelho desde da cirurgia, ela não conhecia aquela pessoa refletida no espelho.

A partir daquele momento surgia o transtorno depressivo. O pós-cirúrgico foi um sofrimento pra ela, virou uma bomba relógio pronta para ser detonada a qualquer momento. Foi a partir daquela projeção que fez de si mesma e da sua imagem *que* o sofrimento se tornou mais intenso. O pós-o operatório exigiu muito dela e dos familiares, e nos primeiros dias após a cirurgia ela não conseguia abrir o olho, dependia de todos para auxiliá-la. Foram quinze dias de total dependência para todas as suas necessidades diárias. Os remédios eram fortíssimos mas, aos poucos, aqueles primeiros momentos de caos total foram dando lugar à uma recuperação lenta.

O tempo passava e uma tristeza tomava conta dela. Para alguns parecia natural e normal, afinal ela perdeu um olho! Os meses de recuperação seguiam com as recomendações e acompanhamento médico, tudo parecia bem. O problema não era mais o pós cirúrgico, ela estava com auto estima abalada, vivia triste, abatida e cabisbaixa. Sentia-se angustiada, infeliz, sem brilho, sem perspectiva, sem esperança, sem ânimo. Nada a deixava feliz, nem mesmo boas notícias faziam diferença para ela. Os dias eram cheios de lágrimas, tristeza e escuridão, o seu mundo ficouou cinza, literalmente.

No período de recuperação ela andava pelos corredores da casa dos meus tios, pois foi lá que ela ficou hospedada durante todo o tempo antes, durante e depois da cirurgia. Ela cantava o hino do Nani Azevedo "Adorador por Excelência" e conversava com Deus 24horas por dia. Em suas sinceras conversas com Deus, Quezia chorava muito. Alem de toda a depressão, seu olho excretava muita secreção, era desconfortável e ela precisava limpar o rosto e higienizar o olho com frequência. E mesmo quando aquele estágio foi sendo superado o seu olho permanecia fechado, pois ainda não tinha feito a parte estética do procedimento.

Era desconfortável e constrangedor quando ela precisava sair, mesmo com o olho fechado, todos ficavam olhando e cochichando. Mesmo assim ela se esforçava para ir à igreja e outros lugares que eram necessários. Sentia que o tempo não ajudava, o tempo não era seu amigo, pois, quanto mais ele ia passando mais triste e sem ânimo ela se sentia. Sentia-se vazia e as lágrimas eram o seu único consolo. Chegou o momento em que tudo foi diminuindo; a vontade de comer, de dormir, de acordar, de conversar com as pessoas, de sorrir, de ouvir, de ficar bonita, de se cuidar, de sair de casa, de fazer coisas. Enfim, não queria mais ver, falar e nem estar com as pessoas, ela queria estar sozinha, só queria chorar e mais nada. Ela estava perdendo a esperança e o prazer pela vida, o seu mundo estava sem cor e vazio e tudo o que ela queria era deitar e ficar enrolada da cabeça aos pés, assim podia chorar sossegada e não dar satisfação para ninguém. O sono era seu fiel companheiro.

A depressão tomou conta da minha prima. Os meses foram passando e, nas consultas avaliativas, o médico não autorizava a próxima etapa para a cirurgia estética, pois sua imunidade estava o que inviabilizava o procedimento. A cicatrização estava muito lenta e era angustiante para todos.

Apesar de tudo ela sabia que era necessário vencer, mas não tinha forças, esse sentimento tentava destruí-la. Como cristã, ela precisava tirar o foco dela mesma e depositar toda esperança em Cristo. Ela havia aprendido através da bíblia que muitos heróis da fé tiveram seus momentos depressivos e por meio do Senhor Jesus conseguiram superar seus problemas. Ela precisava buscar forças na sua fé.

A Bíblia é cheia de experiências de pessoas que creram em Deus assim como a minha prima, pessoas que também tiveram transtorno depressivo. Crentes dedicados a Deus que passaram por momentos difíceis. Jó é um exemplo clássico de uma pessoa que teve uma depressão causada por perdas. Ele perdeu de forma repentina e traumática, todos os seus filhos, todos os seus bens materiais e sua saúde. Davi, "o homem segundo o coração de Deus", também passou por várias depressões. Quando ele pecou e tentou esconder o seu erro, ele entrou em uma profunda depressão: *"Enquanto calei os meus pecados, envelheceram os meus ossos pelos meus constantes gemidos todo o dia. Porque a tua mão pesava dia e noite sobre mim, e o meu vigor se tornou em sequidão de estio"* (Sl 32.3-4). Jesus também sofreu de depressão. No Getsêmani, antes de enfrentar a morte na cruz, ele confessa: *"Minha alma está profundamente triste até a morte"* (Mt.26.38). Trata-se de um estado de profunda depressão. Naquela hora Jesus passou por sofrimentos, sensações e sentimentos de agonia tão fortes que até desejou morrer.

Quezia não precisava sentir culpa por estar sentindo-se feia sem um olho, ela conhecia a fidelidade de Deus, mas naquele momento estava enfrentando uma crise depressiva. Acima de tudo, ela sabia que podia vencer, pois Jesus era a sua esperança *"porque não temos Sumo Sacerdote que não possa compadecer-se das nossas fraquezas... Pois naquilo que ele mesmo sofreu, tendo sido tentado, é poderoso para socorrer os que são tentados"* (Hb.4.15 e 2.18). Jesus experimentou a depressão e por isso ele conhecia o seu sofrimento, a sua limitação.

Ela havia perdido um olho e não estava sabendo lidar com aquela realidade. Um tratamento médico era necessário naquele quadro depressivo, ela não rejeitou a ajuda da medicina, é uma benção de Deus e os remédios são recursos divinos para a cura. Extraordinariamente, Deus poderia curá-la diretamente por meio de um milagre. Ordinariamente, Deus podia curá-la através de um tratamento médico, disso ela não tinha dúvida.

Glória a Deus ela venceu a depressão e fez a cirurgia estética. A vida seguiu e, em 2003 ela gravou o primeiro CD chamado "Herdeiro", atualmente ela segue realizando a obra do Senhor, ministrando e louvando por vários lugares e em igrejas acompanhada de seu esposo e filho.

"Não podemos achar que as coisas irão se resolver sozinhas! Precisamos ter a determinação de mudar nossa própria história, com confiança e fé em Cristo e agir, é claro, para que nossas forças sejam capazes de superar nossos próprios medos e torturas."

Quezia

Facebook.com/quezia.mendes

instagran @quezia.mendes

CAPÍTULO 6
SUPERAÇÃO

"Porque eu, o teu Deus, te tomo pela mão direita e te digo: não temas porque eu te ajudo." Isaías 41:13.14

Foi esta promessa de Deus que naquela noite, 21 de fevereiro de 2015, que não fez Eni sucumbir no desespero, no medo e na dor...

Desde criança Eni era sonhadora, idealizava sua vida com um "príncipe encantado", um único e eterno amor, com um casamento lindo, sem brigas, um verdadeiro mar de rosas. Foi na adolescência que Eni teve um encontro real com o Senhor Jesus e descobriu a importância do casamento segundo a Bíblia, que foi se ajustando ao ideal romântico que ela sonhava.

É muito claro que, desde o início da criação, Deus pretendia que a união matrimonial fosse abençoada, gratificante e feliz. Primeiro, Ele criou o homem à sua própria imagem: capaz de amar e se comunicar, colocou-o em um belo jardim onde todos os desejos de um coração humano puro poderiam ser encontrados. Mas o incrível trabalho de criação de Deus não estava completo até que Ele criou uma mulher. "E disse o Senhor Deus: Não é bom que o homem esteja só; far-lhe-ei uma ajudadora que se adapta perfeitamente ao propósito de fazê-lo feliz." Gênesis 2:18. Uma ajudante, uma companheira, alguém para compartilhar seus pensamentos mais profundos e tornar seu amor infalível! Quando Deus levou a mulher a Adão, sua alegria foi completa

A OSTRA E A PÉROLA

como o próprio Adão declarou, "Esta é agora os ossos dos meus ossos, e carne da minha carne." Gênesis 2:23.(grifos da autora)

Eni esperou pela "pessoa certa" se guardando de corpo e alma... e essa pessoa chegou! Será que chegou com os requisitos que ela esperava de um príncipe encantado? Eni acreditou que sim e fechou os olhos para qualquer evidência que apontasse o contrário, começou a namorar, e algum tempo depois noivou... Eni apenas focou no seu ideal. Ela sabia que um relacionamento romântico não devia ser iniciado com outro objetivo que não fosse o casamento. Isso não significa que todos os namoros vão dar em casamento, mas significa que quando dois cristãos iniciam um relacionamento, eles não devem estar pensando apenas em se divertir, "só para ver no que vai dar", ou porque "todo mundo está fazendo o mesmo". As pessoas envolvidas devem aproveitar esse tempo para se conhecerem ainda melhor, tendo em vista uma possível união eterna.

Nessa jornada, quando tudo dava errado ela culpava o diabo pelos desencontros, pelos desentendimentos, pelos rompimentos... Eni amava e acreditava ser amada, havia orado e esperado por anos o tal "príncipe encantado" sem se dar conta de que ela não era uma "princesa perfeita". Mesmo imaginando que não existia o tal príncipe, ela se escondia atrás da sua espiritualidade, de sua fé, negando a humildade e o livre arbítrio que todos nós temos, mesmo sabendo de suas fraquezas não buscava sabedoria nem discernimento em Deus para entender até quando e onde deveria ir com sua perseverança. Para falar a verdade, ela nunca admitia desistir de algo, achava mesmo que aqueles que não perseveram eram covardes, medrosos ou sem fé. Quão errôneos estes conceitos!

Para Eni faltava equilíbrio emocional, espiritual, social e outros tipos de equilíbrios centralizados no tempo, no espaço, na fé, no conhecimento e no ideal, pois ela tinha dificuldade de desistir de dar murro em ponta de faca. Ela precisava de coragem para admitir que precisava abrir mão de algo ou alguém, e que nem sempre estar certa significa ter todas as respostas.

Toda essa insegurança resultou em um casamento difícil que durou vinte anos de muita dor, doença emocional, frustração e um profundo sentimento de rejeição. Apesar das dificuldades, os vinte anos de casamento trouxeram muita coisa boa. Entre elas o nascimento da filha, hoje com 25 anos, e um netinho com 1 aninho de idade. Eni sempre acreditou que seria feliz, e com certeza ela amou de verdade! Nesse relacionamento eles construíram uma vida complicada, desafiadora e, apesar de todos os desafios, Eni se dispôs a contar sua história, para que assim ela pudesse refletir e seguir em frente, se libertar da desestruturação emocional, do rebaixamento na auto-estima, do medo, da angústia, da tristeza, da insegurança, insônia e isolamento. Eni relata que o seu maior erro estava em fechar os olhos para as evidências e considerar tudo uma questão de vencer o inimigo de sua alma ao invés de enxergar a realidade dos fatos, sentimentos e atitudes.

Pois bem, agora sozinha, em uma certa noite de fevereiro, Eni viu o filme de sua vida em câmera lenta. A vida é assim, quando parece que tudo acabou, é apenas uma nova chance de começar do zero, começar algo novo, e essa é a graça, fazer coisas novas, conhecer pessoas novas, ser um novo "eu", não desistir de realizar os sonhos porque há sempre uma forma de recomeçar e ser feliz.

No ano em que seu casamento acabou, houveram, com certeza, dezenas de tentativas de evitar esse triste momento de desespero e humilhação. Ela teve muita dificuldade de encarar esse desafio e precisou de muita determinação para superá-lo.

Sua mãe, sua maior amiga e companheira semre presente, aquela que podia ajudá-la a dar um rumo para sua vida conflituosa, havia partido para o céu dez dias antes. Eni acabara de abraçar sua filha e genro, abençoando-os para o início de uma vida juntos. Ao fechar a porta, depois deles partirem para a lua de mel, Eni sentiu que começava a cair em um espaço vazio, frio e solitário.

Como ela iria suportar a solidão, o medo de morar, viver e dormir sozinha em uma casa vazia? Foi então que, naquele momento, ela lembrou da promessa feita por Deus em Isaías capítulo 41, versículo 13,(*Porque eu, o Senhor teu Deus, te tomo pela tua mão direita; e te digo: Não temas, eu te ajudo*). Em um gesto de fé, com o coração apertado e sentindo seu rosto banhar-se em lágrimas, ela trancou a porta da cozinha, levantou o rosto e a mão direita para o teto e disse para Deus:

— *Pai, o senhor prometeu que seguraria minha mão e me ajudaria. Disse também para eu não temer porque estaria comigo. Sabe, eu estou morrendo de medo! Nunca quis morar sozinha nem mesmo quando era jovem, nunca quis o divórcio ou perder meus pais. Agora estou só, com medo, sem direção! Me ajuda! Pegue minha mão que ergo para ti e me ajude! Dirija meus passos, me ensine tudo que preciso aprender! Eu confio em ti e na tua Palavra, cumpra em mim sua promessa de companhia e ajuda, por favor, por tua misericórdia e amor! O Senhor sabe o quanto é difícil para uma mulher divorciada e cega conseguir reorganizar a vida emocional, social, espiritual; sabe o peso do julgamento, da crítica, do preconceito; sabe como terei que aprender a ir sozinha aos lugares, fazer compras e tudo mais. Não estou me vitimizando, mas o Senhor conhece muito bem o meu mundo interior, bem como o mundo em que vivo e convivo. Agora somos só eu e o Senhor, não me abandone, fique comigo, me ajude e me ensine a viver, em nome de Jesus.*

Essa conversa com Deus foi uma das mais sinceras que Eni havia feito em toda a sua vida, ela estava convicta que Ele ouviu e respondeu sua oração. A partir daquela noite Eni nunca mais teve medo de morar ou dormir sozinha. É verdade que levou um bom tempo para ela superar várias situações, sentimentos e conceitos, mas admitiu passar pelo processo de autoconhecimento, se desafiando a uma nova aventura a cada dia.

Eni tem uma amiga chamada Simone, ela a incentivou a fazer natação, aprender a dançar e a começar uma mudança pelo lado de fora, já que modificar o interior estava mais difícil. Ela se propôs a levar Eni à sua cabeleireira e a desafiou a viver um dia de princesa! Claro que ela não precisava ficar de costas para o espelho nem usar vendas! Mas a regra era: não colocar as mãos nos cabelos até que ela dissesse OK! Acredite, foi angustiante! Eni confiava no bom gosto da amiga, mas um sentimento tomou conta do seu ser, era como se ela estivesse deixando um pouco daquela mulher que ela achava conhecer tão bem, e entrar em uma nova fase da vida, não somente de cara nova, mas com sentimentos e sensações desconhecidas para ela. Muito desafiador aquele momento... Depois de algumas horas, ela foi liberada para tocar seus cabelos, seu rosto. Aquela mulher que ela estava tocando era uma nova versão dela mesma e isso a deixou muito assustada! O resultado foi maravilhoso, mas, ela ainda teria que vencer muitos bloqueios para voltar a se sentir bela.

Na maioria das vezes, quando a pessoa passa por um processo de divórcio, uma das sensações que mais fere a alma é o sentimento de rejeição, porque tudo indica que há algo errado com a pessoa, a baixa estima cresce e a sensação de se sentir feia é horrível e a incapacidade em alguma área é crescente e é nesse momento que você percebe que passar por um processo de divórcio é muito mais complicado do que se podia imaginar. E é bem provável que a todo momento você fica se perguntando:

- Por quanto tempo ainda vou me sentir assim? Quando eu vou começar a me sentir melhor? Por que ele fez isso comigo? Por que "EU" não fiz isso? E se eu tivesse feito de outro jeito? Essas são perguntas frequentes nesse processo do divórcio, mas que acabam não fazendo sentido. Pois se fosse para ser diferente, teria sido diferente, teria sido e pronto! É necessário ter isso claro dentro da cabeça: "Eu estou me divorciando" ou "Eu estou divorciada". Essa é a sua realidade, e brigar com a realidade é como querer ensinar um gato a latir, só vai trazer mais frustração e sofrimento para você mesma.

Não estava sendo fácil para Eni, mas ela sabia que Deus, o grande observador, sempre estava disposto a ajudá-la. Ele a foi colocando em situações que contribuíram para que ela, aos poucos, descobrisse a essência que ainda existia dentro dela. Com o passar do tempo, o sol voltou a brilhar, o sorriso encontrou o caminho de volta ao rosto de Eni, ela tomou coragem e se entregou por inteira. Começou a se aventurar nela mesma e na vida, para reconstruir seu mundo interior e influenciar o mundo ao seu redor.

Passando por esse processo do divórcio Eni, teve a chance de escolher por se sentir amargurada e rancorosa, ou decidir encontrar razões para celebrar a vida. Ela poderia decidir ficar na cama de pijamas se lamentando e se sentindo miserável emocionalmente ou reagir, se levantar, tomar um bom banho, sair e respirar ar puro. Ela precisava fazer uma escolha. O futuro ia depender das escolhas que ela precisava tomar naquele momento. Superar o divórcio não era nada fácil, mas também não era uma coisa impossível, ela decidiu entrar na maratona, e lutou como todo bom atleta na busca da superação.

Eni não ficou esperando que o tempo sozinho a curasse daquela dor, ela agiu com sabedoria e determinação, ela estava em busca de um novo tempo em sua vida.

Em busca desse novo tempo em 2018 ela voltou a participar da ADEVEB (*Associação dos Deficientes Visuais Evangélicos do Brasil, trabalha promovendo meios de acesso e de desenvolvimento que ajuda a mostrar que a deficiência não deve ser tratada como um fator de exclusão. Acreditando no potencial humano como uma dádiva de Deus e, empregando suas habilidades e aptidões no desenvolvimento de projetos que cooperem para a promoção de uma sociedade mais solidária, na qual o deficiente visual consiga expressar-se na sua particularidade contribuindo de forma coerente e eficaz para a construção de um mundo melhor -http:// www.adeveb.org.br*), a qual Eni teve a honra de ser uma das fundadoras na juventude. Com nova motivação, ela começou a estudar alemão, ter aulas de balé, e tomou coragem para fazer a sua primeira viagem de avião. Viajou para Recife com a tia Dinha e, para quem não sabe, as companhias aéreas são obrigadas a oferecer desconto para acompanhantes de pessoas com deficiência que, comprovadamente, não conseguem viajar sozinhas. Vivendo o desconhecido, Eni segurava a mão da tia Dinha e expressava todo o seu o medo... nervosa ela ficava chamando a aeromoça e perguntava a altitude e a velocidade do avião, e para cada informação o medo aumentava. Contudo, em um certo momento da viagem, a curiosidade tomou conta da Eni, ela então expressou para a aeromoça seu desejo de conhecer a cabine do avião. Os pilotos afirmam que é uma honra e uma alegria receber visitantes na cabine, principalmente quando eles não estão muito ocupados. É importante saber que para fazer uma visita à cabine é necessário fazer o pedido antes da decolagem ou pouco antes do pouso.

Para os que ficam nervosos como a Eni, é reconfortante visitar a cabine. Tirar fotos e registrar o momento é algo inesquecível. Ao chegar em Recife as aventuras continuaram e elas foram fazer um passeio de helicóptero, também foram andar de bicicletas motorizada nas dunas, e assim, aos poucos, Eni foi superando seus medos e despertando para um novo momento de sua vida. Acreditem ela perdeu o medo, e essa não foi a única viagem, ela ainda visitou Natal, Rio de Janeiro, Pernambuco e Rio Grande do Sul. Que incrível é ver Eni se empoderando pois, quando alguém viaja, desenvolve habilidades de planejamento, executa roteiros e lida com imprevistos, entrando em contato com o diferente e o incorporando...

Junto com a amiga Adélia, Eni criou um grupo no WhatsApp, *"Os Amigos da Leitura", (esse grupo tem dezenas de seguidores e disponibiliza ledores que participam voluntariamente... o ledor é aquele que empresta aos cegos e deficientes visuais através de sua voz a possibilidade da leitura de diferentes textos, especialmente em avaliações, concursos, vestibulares e em em especial no Enem).* Adélia também incentivou Eni a iniciar um trabalho com mulheres cegas, hoje coordenado pela própria Eni e a amiga Gina. Esse grupo se tornou um ministério na vida da Eni, Deus abriu as portas para ela palestrar em algumas igrejas e eventos.

Os amigos, amigas, familiares, irmãos, pastores e colegas do trabalho formaram um batalhão de resgate, apoiando, amando, amparando, incentivando, cuidando da Eni até que ela pudesse retomar o fôlego, a alegria e a garra de viver. Deus preparou pessoas para ajudá-la em todas as áreas, cada uma com uma característica própria; A Maria do Carmo, com seu jeitinho especial, ouviu horas de choro e lamentos e até hoje é uma grande companheira de compras em shopping centers e consultora de moda. É a maninha do coração de Eni! No trabalho onde ela imaginou que não conseguiria permanecer devido a sua depressão que começava a sufocar, ela recebeu carinho e cuidado da maioria dos colegas e da chefia. Eunice é alguém muito especial que Deus colocou

na vida de Eni, é um privilegio tê-la como amiga além do ambiente de trabalho, alguém sempre disposta a ajudá-la em suas necessidades. A lista de pessoas que a abraçaram nesta nova jornada é imensa. Os nomes citados representam um pouco do amor e cuidado de Deus pela vida de Eni…(Como *a águia ensina os filhotes a voar e com as asas estendidas os pega quando estão caindo, assim o SENHOR Deus cuida do seu povo." Deuteronômio 32:11 NTLH*).

A deficiência visual afeta 6,5 milhões de brasileiros, que têm baixa visão ou cegueira total. Segundo dados do World Report on Disability 2010 e do Vision 2020, a cada 5 segundos, 1 pessoa se torna cega no mundo. Mesmo assim, os deficientes visuais enfrentam muitos desafios relacionados à acessibilidade ou à própria condição.

"Hoje, olhando para trás, posso dizer que, na beira do abismo, Deus me fez criar asas e tem me ensinado a voar como a águia! Se acaso você estiver em meio a alguma tempestade da vida, olhe para o alto, erga sua mão e peça que Deus te ajude e Ele vai segurar você e te ensinar a recomeçar de qualquer ponto da jornada que você esteja! E sabe por que? Porque você é o alvo do amor de Deus e Ele não te perde de vista! "Eni Kindermann

CAPÍTULO 7
AH... A TAL PAIXÃO

Deem graças ao Senhor, porque ele é bom.
O seu amor dura para sempre. Salmos 136:1

Uma das questões mais confusas para os jovens cristãos de hoje em dia é compreender o que a Bíblia ensina sobre namoro. Enquanto sabemos que a preciosa Palavra de Deus é imutável, o mundo em que vivemos está em tamanhas trevas morais, mudando e piorando padrões morais com tanta frequência, que torna-se difícil para dois cristãos que se apaixonam discernir os padrões de conduta que honram a Deus.

Talvez o livro na Palavra de Deus que melhor descreve um relacionamento romântico piedoso é Cânticos de Salomão. Namoro é simplesmente uma fantástica atração que toma lugar no coração de um homem e uma mulher. É importante lembrar que o relacionamento romântico nunca deveria terminar depois do casamento! O sentimento romântico que desabrochou antes do casamento deve se desenvolver e crescer durante toda a união. "Alegra-te com a mulher da tua mocidade... e pelo seu amor sejas atraído perpetuamente" (Pv 5:18-19). "Maridos, amai vossas mulheres" (Ef 5:25; Cl 3:19).

Para Sérgio tudo começou no ano de 2000 em um acampamento do Demiboa (Departamento de Mocidade das Igrejas Batista de Osasco, Barueri, Carapicuíba, Jandira, Itapevi, Santana de Parnaíba, Pirapora, Cotia, Ibiúna, Vargem Gde Paulista e Zona Oeste de São Paulo) onde ele teve a oportunidade de conhecer outros jovens e participar das programações que atendiam os desafios constantes da Juventude cristã que desejavam ser instrumentos da Graça redentora de nosso Deus. O acampamento é tradição da Igreja Batista, um momento esperado com grande expectativa é o sinal verde para arrumar as malas e partir para quatro dias especiais de crescimento espiritual, comunhão e lazer.

A programação reserva períodos para lazer, conversas e descanso. Geralmente o lugar onde ocorre o acampamento tem uma excelente estrutura de lazer, salão de jogos, lanchonete, piscinas, saunas, área verde, campo e quadra. No refeitório os acampantes podem desfrutar das deliciosas refeições na companhia dos outros jovens e líderes.. O DEMIBOA é considerado um presente para a família que tem jovens e adolescentes, é um renovo e uma grande oportunidade para fortalecer relacionamentos interpessoais.

Em uma dessas programações, Sérgio teve a oportunidade de conhecer aquela que seria sua futura esposa. Isso mesmo! Ele profetizou naquele momento e entregou nas mãos de Deus, pois somente Deus poderia dar as respostas que foram plantadas em seu coração naquele momento. Acredito que Sérgio ficou se questionando: _ Como vou descobrir se ela é a pessoa certa para mim? Minha família irá gostar dela? Meus amigos irão ficar felizes se eu namorar com ela? Será que ela vai se agradar de estar ao meu lado?

A dúvida é muito pertinente! Sergio precisava ficar bem atento, pois uma má escolha poderia trazer graves consequências por toda vida. O coração é enganoso, e as emoções são os principais fatores que influenciam nessas escolhas. A Bíblia não se refere como devemos achar a pessoa "certa" para o casamento, nem dá instruções muito específicas sobre isso. Mas, em uma coisa a Palavra de Deus é enfática: que não devemos entrar em jugo desigual com pessoas que não professam a mesma fé (2 Coríntios 6:14-15), e isso é verdade principalmente no casamento.

Pois bem, um ano se passou... e um certo dia numa programação na Igreja Batista do Novo Osasco o grupo musical que Sérgio fazia parte foi convidado para cantar músicas Acapella, um estilo musical muito popular nos dias de hoje, o canto à capela é uma técnica musical que utiliza apenas a voz humana para executar composições, sem o auxílio de instrumentos musicais ou de recursos tecnológicos para modificar a qualidade vocal. Apesar do elevado grau de dificuldade, o resultado é belíssimo: encanta corações e toca os sentidos.

Foi nessa programação que Sérgio reencontrou a garota que ele havia conhecido no acampamento do DEMIBOA, E após a programação ele tomou coragem e fez o pedido de namoro, um pedido um tanto inusitado, do tipo:_ ah, eu sou o único do grupo que não namorada e acredito que poderíamos dar certo... não é?

E foi assim que eles começaram a namorar, ele não iria chegar mais sozinho nas programações de sua igreja, e está bem acompanhado era tudo que ele precisava, com certeza poder falar pra todo mundo que aquele garoto tímido, estava namorando e que tinha grandes planos para uma vida a dois. Sérgio tinha um grande desafio pela frente... Era necessário focar em um sinal muito importante, para saber se o relacionamento estava realmente nos caminhos do Senhor, era necessário avaliar o lugar que Deus iria ocupar nesse namoro.

Atualmente existem casais de namorados que não oram juntos, que não buscam a Deus juntos, que não tem planos sobre a sua vida com Deus e nao buscam uma comunhão genuína. Deus simplesmente não faz parte do namoro. Com Deus no centro, o relacionamento sempre caminhará na busca de glorificar à Deus em tudo. Mas se Deus não estiver no centro, é importante questionar para onde esse relacionamento caminha.

O ano de 2001 foi uma benção para esse relacionamento, o namoro seguia, e Sérgio sempre procurava sinais extraordinários para ter um direcionamento de Deus. Afinal uma vida a dois deve ser planejada e executada passo-a-passo: namoro, noivado e casamento são como as etapas de uma construção. Se alguma dessas etapas não receber a atenção que merece, o futuro dessa construção chamada vida a dois poderá ser complicado.

95

Foi no início de 2002, que algumas divergências e diferenças pessoais marcaram o final do namoro. Em dezembro após a morte do avô do Sergio, houve um reencontro com a ex namorada embora ela nunca tenha deixado de conversar com os pais do Sérgio e sempre que podia, perguntava sobre ele. Interessante que Sérgio não sabia dessa aproximação da ex com os pais, e ao saber desta realidade, a vontade e o desejo de tê-la ao seu convívio novamente, foi mais forte do que seu ego e decidiram voltar a namorar já pensando em casamento.

Dois anos depois eles casaram e o sonho de ter uma vida conjugal estava se concretizando. "Disse mais o Senhor Deus: Não é bom que o homem esteja só; far-lhe-ei uma auxiliadora que lhe seja idônea" (Gn 2:18). Felizes e comemorando "Bodas de Papel", 12 meses de amor e união, 365 dias de comprometimento, descobertas, convivência, viagens, desafios e parceria.

Há quem diga que o papel foi o escolhido para essa comemoração por ser frágil, assim como um casamento recente. Também pode ser relacionado com páginas em branco, prontas para receber uma história. Um terceiro significado diz que o papel representa a flexibilidade que um casal pode ter em relação à vida e aos desafios que terão pela frente.

Em 2006 algumas brigas e algumas situações saíram do controle, há quem diga que todo casamento tem conflitos, não importa o quanto um goste do outro, não tem como concordarem em tudo. Portanto, ter discussões de vez em quando é normal e isso não quer dizer, de modo algum, que haja algo de errado com o casamento. Todavia, o modo como os dois lidam com as divergências é que influencia, de fato, na duração da união.

Em busca da solução desses conflitos Sérgio foi buscar ajuda, conversou com seu pastor e com a sogra. Ambos estavam sempre dispostos a ajudá-los e assim eles conseguiram seguir em frente, a paz e harmonia foi restaurada e toda a nuvem de confusão foi eliminada. A reconciliação pacificadora era sempre a melhor escolha. "Tomai sobre vós o meu jugo, e aprendei de mim, que sou manso e humilde de coração; e encontrareis descanso para as vossas almas." Mateus 11:29

Superado esse período de turbulência, em Outubro de 2006, descobriram que seriam pais. A chegada do bebê no âmbito familiar mudaria intensamente alguns aspectos da vida deles. Além das poucas horas de sono que teriam nos primeiros meses e os efeitos físicos sofridos pela mãe após o nascimento desse bebê, com certeza algumas emoções do dia a dia mudariam radicalmente.

Sérgio estava realizado, como foi bom receber aquela notícia. Tudo foi preparado com muito carinho, os avós estavam animados e felizes com a chegada do primeiro neto, os tios estavam eufóricos, foi uma festa nas famílias.

Em junho de 2007, nasceu o primogênito. Com nome de anjo chegou e mudou a vida de todos, conquistando o coração de toda família, trazendo alegria e o brilho que todo casal com filhos recém nascido tem no olhar. Esse bebê foi muito mimado pelos avós e tios, mas também pelos amigos, pois foi um dos primeiros bebês nascidos no meio de um grupo de recém casados da época.

Quando o filho ainda era bebezinho fizeram a primeira viagem com o grupo de amigos. Imaginem o quanto essa criança foi mimada! O tempo passava muito rápido, o filho ia crescendo e a necessidade de ter mais filhos aumentava.

Foi em maio de 2010 que descobriram que seriam pais novamente. E agora de uma princesinha. Naquele mesmo ano, fizeram sua primeira viagem para fora do Brasil, e foi nessa viagem que tive a honra de conhecer o Sérgio. Eu já conhecia a sua esposa desde a adolescência, mas com a minha vinda para Orlando acabamos perdendo o contato. Uns dias antes da viagem, eles conseguiram nosso contato e combinamos de nos encontrarmos quando eles chegassem. Teríamos um tempo de bate papo para matar a saudade e assim eu os convidei para um jantar com a minha família. Convite aceito! No dia marcado lá estavam eles. Após um bom tempo de conversa com meu esposo Amilton, Sérgio descobriu que eles participavam dos Embaixadores do Rei (Os Embaixadores do Rei são uma organização missionária criada em 1908 pelas Igrejas Batistas do sul dos Estados Unidos da América, com o objetivo de desenvolver o caráter cristão de meninos da faixa de idade de 9 a 16 anos. No Brasil, a organização existe desde 1948, quando foi criada a primeira "embaixada", na Primeira Igreja Batista da Tijuca, no Rio de Janeiro, pelo missionário batista estadunidense William Alvin Hatton. Hoje a organização é coordenada pelo Departamento Nacional de Embaixadores do Rei (DENAER), e filiada à União de Homens Batistas do Brasil, uma entidade "Junta" da Convenção Batista Brasileira.)

Na época de adolescente quão precioso era estabelecer novas amizades e foi maravilhoso saber que eles já se conheciam lá atrás. Foi muito edificante ter passado alguns dias na companhia deles, fortalecemos um laço de amizade que até hoje faz parte da nossa história e da vida do Sérgio.

A segunda gravidez foi marcada por muito chamego, e a princesinha chegou em Fevereiro de 2011, agora Sérgio sentia que a família estava completa. Era o segundo neto, porém a primeira menina da família. E como não poderia ser diferente, foi paparicada, bajulada e mimada pelos avós e tios. O apartamento que eles moravam já estava ficando pequeno, tinha apenas 2 dormitórios e com 2 crianças ficaria desconfortável. Pensavam em um espaço maior onde as crianças pudessem ficar mais à vontade. Sérgio como um típico pai babão ficava imaginando um espaço adequado para a princesinha dele fazer sua maquiagem e guardar as bonecas. Deveria ter com certeza um espaço para o filhão jogar vídeo game. Então, decidiram vender o apto e comprar a casa dos sonhos num condomínio na cidade de Cotia, onde eles pudessem criar os filhos com liberdade de brincar na vizinhança e fazer novos amiguinhos.

No final de 2012, eles compraram a casa e se mudaram para Cotia. Depois de algum tempo Sérgio percebeu que cometeu um erro, não pediu direcionamento à Deus para a compra da casa. Diferentemente de todas as outras situações como o namoro, casamento, filhos e viagens onde ele orava e pedia orientacao de Deus, na questão da casa, a decisão foi impulsiva. Por achar que necessitavam de um espaço maior para os filhos se precipitaram. Sérgio conta que a vida deles começou a mudar, pois toda a rotina da família estava centralizada na cidade de Osasco. A mudança para Cotia, fez com que suas vidas virassem de ponta cabeça. As dívidas aumentaram, o tempo de qualidade em família diminuiu devido ao longo trajeto que faziam todos os dias. A dificuldade de locomoção das crianças com a mãe era complicada, ela trabalhava em Osasco e a escola das crianças também era em Osasco, precisavam usar o onibud e tudo foi ficando difícil.

E nessa mudança, o casamento que ele havia colocado nas mãos de Deus, foi desmoronando aos poucos. Eles já não conversavam abertamente sobre nada, já não faziam planejamento sobre suas vidas, a impressão que tinha era que tudo estava naufragando. A situação já estava insustentável, eles eram praticamente estranhos vivendo debaixo do mesmo teto. Eles estavam remando em direções diferentes, não seguiam o rumo correto e toda a família estava caminhando para as consequências de um duro naufrágio. O casal precisava perceber que seus atos irrefletidos estavam afetando todos da família. Atualmente, muitas pessoas não sabem mais conversar, tudo é cobrado ou reclamado e a vontade de não querer ouvir o outro predomina. Inclusive, um dos erros mais cometidos é achar possível que o outro adivinhe o desejo do outro sem dizer absolutamente nada.

E numa dessas situações, o pior aconteceu, Sérgio desconfiou que estava sendo traído. A desconfiança era dolorosa, mas precisava ter certeza. Para quem havia colocado tudo nas mãos de Deus crendo que tudo estava no seu controle, ele tinha certeza de que o inimigo foi audacioso e plantou essa tragédia em seu casamento, e tudo por um descuido de não colocar a "mudança" nas mãos de Deus. O que mais o entristecia era saber que a "Família, um Projeto de Deus" estava ameaçada.

Sérgio tentou de todas as formas recuperar seu casamento, buscou ajuda de psicólogo, de conversas pastorais, conselhos de amigos e tentou até mesmo conversar com a esposa. Mesmo com todo esse empenho, a situação já não estava mais sob controle. E nos momentos de desespero ele se questionava: - será que foi falta do temor a Deus? foi descuido?

Foi autosuficiência espiritual? Foi carência?

A situação era insustentável e já não conseguiam viver debaixo do mesmo teto, pois as brigas eram constantes. Os filhos já sofriam por ver aquela situação desastrosa. Então, em Outubro de 2013, Sérgio decidiu sair de casa. Voltou a morar com seus pais acreditando que, com essa atitude, poderia refletir melhor e talvez não chegaria ao ponto de colocar um fim no casamento, era também uma forma de poupar as crianças das brigas, que já estavam fora de controle.

As coisas não aconteceram exatamente da forma que ele planejou. e assim, em Dezembro de 2013, ele teve a certeza que estava sendo traído. Desolado, Sergio nunca imaginou que passaria por aquela situação, cenas que ele via em novelas e telejornais agora faziam parte da sua vida. Por muitas vezes ele chorou e buscou apoio nos amigos. Em muitos momentos dobrou os joelhos, orando e colocando a sua família nas mãos de Deus. A família é um projeto de Deus, disso ele não tinha dúvida.

Por que tudo deu errado? Para um casamento ser feliz e abençoado, não depende apenas de Deus, mas sim dos dois... obviamente, manter a calma numa situação assim nunca é fácil, mas há muita lembrança e um respeito mútuo que, seguramente, não sobreviveria a uma separação marcada por gritos, ofensas e traição. A decisão de manter a calma e não alimentar brigas foi uma forma de cuidar da autoestima. Seguir com o processo da separação contribuiu para que Sérgio pudesse olhar para trás com admiração por sua postura, pois deixar o cônjuge ir é sinal de amor-próprio. Somente o tempo irá permitir uma analise com calma de tudo aquilo que levou à ruptura, possibilitando correção das falhas e identificação dos momentos onde o afastamento da essência matrimonial ocorreu. O tempo ajudará a consolidar o aprendizado pela experiência vivida.

Atualmente, Sérgio vive para filhos. Não quis se envolver com ninguém. Ele tenta viver um dia após o outro, colocando todos os seus desejos e vontades nas mão de Deus, pois entende que tem sido abençoado ricamente. Pode ter os filhos a cada 15 dias (Nos termos do parágrafo 1º do artigo 1.583 do Código Civil, a guarda compartilhada é a responsabilização conjunta e o exercício de direitos e deveres do pai e da mãe que não vivam sob o mesmo teto, concernentes ao poder familiar dos filhos comuns. Ou seja, diferente da guarda unilateral em que um dos pais se responsabiliza pelas decisões em relação ao filho, enquanto o outro somente supervisiona, na guarda compartilhada, todas as decisões são tomadas em conjunto, propiciando uma participação mais ativa e próxima por parte dos pais.)

"Hoje, eu tenho a certeza de que meu casamento foi uma benção até no momento em que decidimos não colocar todas as coisas nas mãos de Deus. Tomamos decisões precipitadas e sem a benção do Senhor. E assim, deixamos uma brecha aberta para que o inimigo entrasse e destruísse tudo o que havíamos construído. Creio que, se nosso casamento fosse blindado, por mais que o inimigo tentasse, jamais conseguiria destruí-lo, mas o nosso erro foi tomarmos decisões por conta própria e talvez ter deixado Deus de lado nesse momento, acreditando que seríamos suficiente para lidar com toda essa situação." Sérgio.

CAPÍTULO 8
FESTA DE RODEIO

Não vos enganeis: as más conversações corrompem os bons costumes.
1 Coríntios 15:33

José Roberto de Oliveira Júnior, mais conhecido como Júnior, tem 33 anos, e mora em Osasco – São Paulo.

Em 2007 iniciava em sua vida uma fase de muitas responsabilidades e decisões. Júnior começou a faculdade de Técnologia em Eventos, no período noturno, na faculdade UNIFIEO (Osasco). Ele sempre gostou de festas, por isso decidiu fazer este curso.

Na faculdade sempre foi uma pessoa muito extrovertida e muito animado. Com o passar dos dias, fez amizade com alguns garotos, nessa turma Júnior foi apresentado à uma garota pela qual ele se apaixonou loucamente.

Frequentava várias festas de rodeio, nessas festas eram realizadas diversas modalidades competitivas, como a montaria em touros, provas de laços entre outras. Todas essas modalidades têm origem no cotidiano rural e no trato com os animais. As competições objetivam estimular esse relacionamento entre peões e cavalos, touros e outros animais de fazenda. No texto da lei, assim como no entendimento dos organizadores de festa de rodeio, não pode haver nenhum tipo de maus tratos aos animais que participam das competições. Há uma intensa fiscalização a respeito da forma como os animais são tratados, contando inclusive com a presença de veterinários nos bastidores. Os rodeios são eventos que levam a tradição do campo para grandes públicos, despertando a paixão pela realidade rural até mesmo em quem vive nos grandes centros urbanos.

As festas de rodeio também preservam as tradições de sabor do nosso país, com destaque para o concurso conhecido como Queima do Alho, realizado em algumas das principais festas do país, como a Festa do Peão de Boiadeiro de Barretos. Essa tradição se refere ao preparo de pratos típicos dos tropeiros como arroz carreteiro, paçoca de carne, feijão gordo e churrasco. Os tropeiros preparavam esses pratos com o mínimo de estrutura quando saíam em comitiva e nas festas em que acontece o concurso pede-se que os participantes preparem-nos da melhor maneira que puderem com um fogão improvisado próximo ao chão. Uma tradição repleta de sabores para deixar as festas de rodeio ainda mais próximas da vida do homem do campo.

Os rodeios se caracterizam por representar a alma sertaneja do brasileiro desde suas músicas até as atividades cotidianas de lidar com os animais, tudo reproduzido nas competições. Vale ressaltar que essas festas têm crescido e passado a contar com uma estrutura mais moderna, no mesmo compasso da evolução tecnológica. Acompanhando o novo molde do público, essas festas têm ficado cada vez mais parecidas com grandes festivais e shows. Júnior também apreciava o mundo "tuning" de carros, (*Tuning* expressão inglesa traduzida como "afinação", "optimização" ou "personalização" ou *car tuning;* afinação/personalização de carros) um passatempo que consiste em alterar as características *de facto* de um automóvel a um nível de personalização extrema. No contexto costuma-se imprimir no automóvel um pouco da personalidade do seu dono; está sendo muito usado para agregar valor desportivo aos carros, tornando-se assim, a arte de dar ao carro mais performance, mais segurança, mais beleza, tornando-o diferente e único. O *tuning* é aplicável a praticamente todos os componentes de um carro: rodas, pneus, suspensão, alterações no motor, interior, carroçaria, tubos de escape, áudio. Há quem gaste um valor acima do próprio preço do carro com peças e acessórios, como pára-choques, asas, saias, neon, sistemas de NO2 (óxido nitroso). Todos estes componentes podem ser revistos de forma a terem um comportamento superior ou um aspecto que torne um carro "de série" em algo exclusivo e único. O *tuning* não deve apenas tornar o carro mais bonito. As alterações feitas, para além de ter preocupações estéticas, devem acrescentar características ao carro de forma a torná-lo mais potente, não desprezando a segurança e o comportamento do carro, sendo estas as características principais a conseguir. Normalmente estas alterações inspiram-se na competição, tendo os campeonatos de Super Turismo Europeu e Stock Car, contribuindo significativamente para a disseminação do Tuning em nível mundial. Lançado em 2001, o filme "Velozes e Furiosos", desencadeou essa tendência pelo mundo inteiro.

Esse era o mundo do Júnior, ao mesmo tempo que ele apreciava essas modalidades ele começou a estreitar amizade com um grupo de quatro colegas da mesma turma na faculdade. Acho interessante citar um artigo da revista Super Interessante, o artigo fala que, em 1937, a Universidade Harvard (em Cambridge, Massachusetts) começou o maior estudo já realizado sobre a saúde humana. O projeto ainda é realizado hoje e acompanha milhares de pessoas. Voluntários de todas as idades e perfis, que têm sua vida analisada e passam por entrevistas e exames periódicos, esses voluntários tentam responder sobre "o que faz uma pessoa ser saudável?" O artigo relata que o fator que mais influencia no nível de saúde das pessoas não é a riqueza, a genética, a rotina nem a alimentação, são os amigos. Segundo o psiquiatra George Valliant que coordena o projeto há 30 anos, "A única coisa que realmente importa é a sua aptidão social, as suas relações com outras pessoas". Os amigos são o principal indicador de bem-estar na vida de alguém. Ter laços fortes de amizade aumenta nossa vida em até 10 anos e previne uma série de doenças. Pessoas com mais de 70 anos têm 22% mais chance de chegar aos 80 se mantiverem relações de amizade fortes e ativas. Com certeza ter amigos contribui mais nisso do que ter contato com familiares. Existe até uma quantidade mínima de amigos para que você fique menos vulnerável a doenças, segundo pesquisadores da Universidade Duke (em Durham, North Carolina). Pessoas com menos de 4 amigos têm risco dobrado de doenças cardíacas. Isso acontece porque a ocitocina, aquele hormônio que estimula as interações entre as pessoas, age no corpo como um oposto da adrenalina. Enquanto a adrenalina aumenta o nível de estresse, a ocitocina reduz os batimentos cardíacos e a pressão sanguínea, o que diminui a probabilidade de ataques cardíacos e derrames. E pesquisas feitas nos EUA constataram que a ocitocina também aumenta os níveis no sangue de interleucina, componente do sistema imunológico que combate as infecções.

Além de ser fundamental para o bem-estar mental, ter amigos também faz bem ao coração e ao corpo. Mas, se as amizades forem novas, é ainda melhor. A ocitocina dá o impulso inicial às relações e, depois de algum tempo, cede o lugar para o sistema da memória, que age mais rápido. Há estudos comprovando que amigos antigos não estimulam a liberação de ocitocina (a não ser quando você os encontra depois de muito tempo longe). Por isso, tão importante quanto ter amigos do peito é fazer novas amizades durante toda a vida. Conforme vai envelhecendo, fica mais difícil fazer novos amigos e as amizades antigas parecem muito mais fortes. Existe uma possível explicação para isso. Há mais ocitocina no organismo durante a juventude, o que facilita a criação de relações mais profundas. Isso é o convívio, claro. Durante a adolescência, passamos quase 30% do nosso tempo com amigos. A partir daí, a vida vai mudando, novas obrigações vão surgindo até que passamos a dedicar menos de 10% do tempo aos amigos. Se você acha que isso é uma coisa ruim, acertou. Uma pesquisa da Universidade de Princeton (*New Jersey*) revelou que as pessoas consideram seu tempo com amigos mais agradável e importante do que o tempo gasto com sua família. Nós trocamos os amigos pelo trabalho, para ganhar mais dinheiro. Mas não deveríamos fazer isso. Não vale a pena. O dinheiro que você ganha no trabalho, durante o tempo em que não está com os amigos, tampouco compensa a falta deles.

Junior e os amigos se juntavam para ir em racha de carros (*Racha, também chamado popularmente de pega, é uma forma de corrida ilícita praticado em áreas urbanas, rural ou rodovias com automóveis ou motocicletas.*), baladas, (discoteca, *boate, danceteria, casa noturna ou ainda clube ou balada é um local destinado à prática da dança, por motivos lúdicos ou profissionais. Foi popularizada mundialmente com o filme Os Embalos de sábado à noite, com John Travolta e, no Brasil, com a telenovela Dancin' Days*). Foi através dessa motivação que a vida do Júnior toma rumos que não estavam nos planos da família, tudo para ele era muito intenso, saia da faculdade e ia para os "rolês" e baladas, chegava em casa de madrugada. No início era tudo "belo", era pura curtição.

Um certo dia Junior havia bebido demais, estava muito bêbado e não estava em condições de dirigir, e foi nesse caminho que ele achava "belo" que conheceu a cocaína através de um dos colegas da turma da faculdade. (*Um dos efeitos rápidos do consumo da cocaína é a elevação da pressão sanguínea, aumento dos batimentos e vasoconstrição no cérebro e no corpo. É isso que dá ao usuário a sensação de picos de energia e também de ansiedade, estresse e paranoia),* Foi assim que ele começou *seu* uso regular de cocaína, porque quando usava, conseguia beber a noite toda e depois dirigir, ficava agitado ou "ligado" como os usuário costumam dizem.

As coisas foram tomando outros rumos, Júnior deixou de ser assíduo nas aulas da faculdade, só queria saber de curtição, balada, não tinha mais interesse pelos estudos, se tornou agressivo com os pais e suas irmãs. Um dia Júnior chegou em casa, alucinado (devido ao consumo de cocaína) e, quando o pai foi conversar com ele, a conversa terminou em uma briga. Descontrolado Júnior agrediu o pai e o insultou.

A família já desconfiava, mas naquele momento de conflito e atitude do filho eles tiveram a confirmação, gerando um estado de completa instabilidade emocional, o qu é bem compreensível, afinal, saber que um filho desenvolveu um quadro de dependência é algo muito difícil de enfrentar. Surgem sentimentos de culpa, tristeza, desespero, revolta, um cenário propício para a desarmonia por não se saber como lidar de maneira adequada com a dependência. Certamente, essa é uma situação muito delicada.

Às vezes, Júnior andava de 8 a 10km a pé pra buscar cocaína, para saciar o vício e trazer mais desarmonia ao ambiente familiar.

A cada dia que passava a situação ficava mais complicada, Júnior tinha uma namorada que gostava do mundo sertanejo (*um gênero musical do Brasil produzido a partir da década de 1910 por compositores urbanos, rurais e outros chamada genericamente de modas e emboladas cujo som da viola é predominante. O sertanejo é atualmente o mais popular estilo musical no Brasil, superando inclusive o samba, na maioria dos estados do país, especialmente São Paulo, Minas Gerais, Goiás, Rio de Janeiro, Rio Grande do Sul, Mato Grosso do Sul, Mato Grosso, Rondônia e Tocantins e Paraná*), ele e a namorada frequentam essas festas e bebiam muito, e não faltava o "*pininho de pó mágico*" no bolso.

Júnior pediu demissão do emprego, e junto com um dos colegas da faculdade decidiram montar uma loja de som e acessórios para carro. O que poderia ser bom se tornou um pesadelo, as coisas pioram de vez, pois o dinheiro que faziam no dia (sendo R$100,00 ou R$200,00), separados a porção para gasolina, cigarros e bebidas, e o restante era usado para o consumo de cocaína. Júnior e o colega ficavam a noite inteira rodando a Marginal Tietê de ponta a ponta consumindo bebida e droga.

O relacionamento com a namorada começou a entrar em crise e as brigas eram constantes. Isso porque ela queria ostentar tudo de bom e caro, ela trabalhava mas não gostava de gastar seu próprio dinheiro, ela queria ganhar tudo de presente do Júnior que, para evitar brigas, acabava cedendo aos caprichos da namorada. Ou seja, entre o consumo de drogas e os luxos da namorada, ele não conseguia juntar R$50,00 no mês. A namorada não sabia que Júnior consumia drogas, motivada pela ostentação ela começou a sair com as amigas para baladas e barzinhos. Júnior sempre na alucinação" não se dava conta das saídas da namorada. Um dia ele descobriu uma balada onde ela ia com as amigas, e decidiu averiguar indo até lá. Chegando até o local, para surpresa do Junior, ela estava acompanhada de um outro homem.

Júnior estava com quatro colegas da faculdade e a confusão foi inevitável. Drogado, sua única reação no momento foi bater no acompanhante da namorada. De forma violenta, pegou a namorada pelo braço, jogou-a dentro do carro, e a levou para casa.

Depois de descobrir a traição não houve rompimento no relacionamento, ele ficou neurótico e possessivo e isso contribuiu para que ele se envolvesse com outra garota. Mesmo namorando iniciou um outro relacionamento. *Todo namoro necessita possuir abertura para o diálogo, ou seja, fazer uma escuta profunda das necessidades do outro, e assim, gerar a cumplicidade para planejar e sonhar uma vida a dois. A fidelidade vai sendo construída ao longo da relação, juntamente com a lealdade. O grande desafio do namoro nos dias atuais é justamente sair das relações rasas e superficiais. Precisa-se romper com o individualismo de pensar sempre a partir de nós mesmos e conjugar os verbos, na primeira pessoa do plural, "nós". "É preciso proporcionar felicidade ao outro, oferecendo o que há de melhor em nós na convivência".*

Com três meses nesse relacionamento paralelo, a garota que Júnior tinha acabado de conhecer descobriu que estava grávida e as coisas se complicaram mais uma vez, desempregado e sem responsabilidade não tinha interesse em procurar trabalho. Além de tudo, ainda tinha um outro relacionamento. Com o passar dos meses, a menina que estava grávida descobriu onde a namorada do Júnior morava, foi até a casa dela e contou tudo o que estava acontecendo. De um lado uma suposta namorada grávida e do outro lado um relacionamento de seis anos que ele não queria romper. Após uma longa conversa, namorada o "perdoou" e continuaram o relacionamento que já não era saudável. Não havia mais respeito e isso gerou conflito entre as famílias que não se suportavam. A suposta namorada grávida ligava e fazia ameaças, tornando o dia a dia do Júnior muito difícil, mas com o passar do tempo ambos relacionamento terminaram.

Em dezembro de 2014, Júnior foi convidado para cozinhar em uma confraternização de fim de ano, ele tinha experiência pois cozinhava para uma comitiva. Era uma festa muito bonita, com muito churrasco e comida boa. Quando o evento acabou, Júnior organizou tudo e foi embora, deixou o local a pé. Acordou três dias depois em um hospital público de Osasco. O rosto todo machucado, com dores no corpo e usando fraldas. Ele estava em um hospital público porque havia cancelado o convênio médico por achar que não era necessário. Ele estava muito confuso, não sabia porque estava ali e perguntou ao enfermeiro o que havia acontecido, e com muita calma o enfermeiro respondeu, "Calma! Você foi espancado, precisa ficar quieto", com medo e confuso não quis saber dos detalhes.

Junior não lembrava o que havia acontecido, mas precisava de cuidados. Depois de algum tempo, tomou coragem e pediu que o enfermeiro contasse em detalhes o que havia acontecido. Após a narrativa ele ficou com muito medo e preocupado. Após dias no hospital, num momento de desespero, pediu para telefonar para sua família ir buscá-lo. Com a chegada dos pais, Júnior implorou para ir para casa. Sabia que seu estado físico expirava cuidados, mas o medo era muito maior que as dores que sentia. Após uma longa conversa, a equipe médica explicou que ele não estava de alta e que, para ele sair do hospital, precisaria assinar um termo de responsabilidade para deixar o hospital antes da alta ser autorizada pelo médico responsável.

Chegando em casa, ainda desnorteado, perguntou para a mãe o que havia acontecido. Ela contou que estava levando a irmã mais velha na casa do namorado e resolveu fazer um caminho diferente do que estava acostumada No meio do caminho elas se depararam com as viaturas do SAMU (*Serviço de Atendimento Médico de Urgência*), um carro preto da marca celta com as portas abertas e duas viaturas da polícia militar; assustadas com aquele acidente em pleno domingo, elas percebem que a pessoa que estava no chão estava muito machucada.

A irmã do Júnior, ao olhar para o acidentado, viu que em suas costas havia uma tatuagem com o nome "Enzo". O desespero tomou conta das mulheres, Júnior havia feito aquela tatuagem quando o filho nasceu. Pediu para a mãe parar o carro, desceram correndo e se depararam com o Júnior todo ensanguentado e desacordado. Que coisa dolorosa foi vê-lo naquela situação. O policial que estava acompanhando o caso não deixou que elas se aproximassem, tudo o que pode fazer foi gritar "Sou a mãe dele". A policia estranhou o fato da mãe chegar no local e questionou como ela ficou sabendo do ocorrido. Ela explicou que estava passando quando viu o acidente, foi o providência de Deus permitir que elas passassem por ali naquele momento.

O policial solicitou que elas o acompanhassem até a delegacia para fazer o boletim de ocorrência. A ex-namorada, aquela que ele havia namorado por 6 anos, por alguma razão estava no lugar do acidente, mas se recusava ir até a delegacia prestar depoimento. Ela foi advertida da obrigatoriedade de comparecer, pois era a única testemunha do momento do acidente.

O boletim foi feito, a mãe de Júnior seguiu para o hospital e, chegando lá, ficou esperando notícias do filho. A ex-namorada chegou em seguida e entregou a cópia do boletim de ocorrência para ela. Despediu-se e disse que iria embora porque precisava acordar cedo no dia seguinte para trabalhar. Não demonstrou nenhum tipo de preocupação com o Júnior. Ele ficou exatos três dias desacordado no hospital, anos de relacionamento e nenhuma visita, nem mesmo uma ligação para saber notícias.

Júnior não sabia e tão pouco lembrava do motivo do espancamento, era um mistério, mas aquela agressão não fazia sentido algum. Não tinha inimigos (pelo menos era o que ele imaginava) e nada apontava para um assalto (não levaram seus pertences). Oito dias após sair do hospital, ele voltou para a casa dos pais. Naquele mesmo dia, ligou para ex-namorada, queria entender o que havia acontecido no fatídico dia, mas ela não atendia o telefone. Confuso e cheio de perguntas sem respostas, ele resolveu telefonar para um colega da comitiva que estava no dia do evento, quem sabe ele conseguia explicar algo.

Durante a conversa, as peças do quebra-cabeça começaram a se encaixar. A polícia iniciou uma investigação no local do evento e, através das câmeras de segurança, a polícia identificou que um celular foi colocado na mochila de Júnior. A ex-namorada participou encontrou

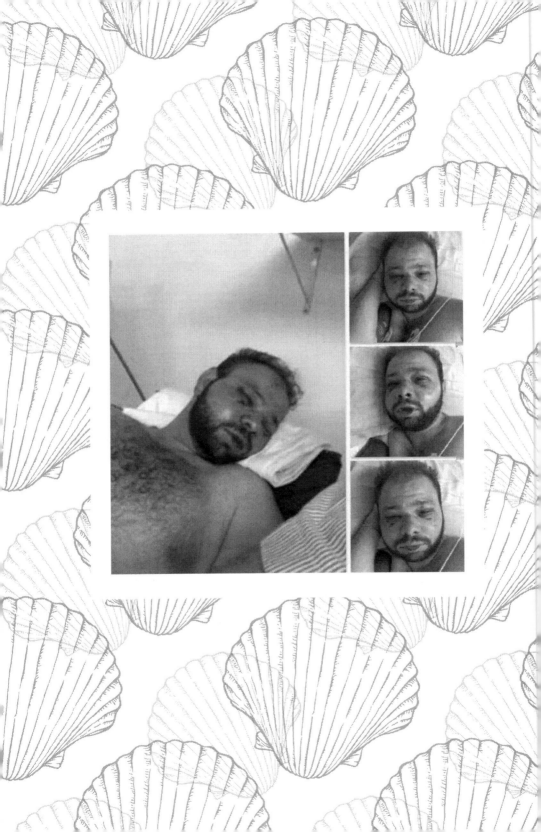

o celular no banheiro feminino e, por vingança, colocou o celular na mochila dele para incriminá-lo. Toda aquela história gerou uma grande revolta em seu coração. As consequências dessa insanidade fram graves, apanhou tanto que um coágulo se formou do lado direito da cabeça (*esse tipo de acidente pode levar a pessoa a um estado de inconsciência profunda, além de sensação de náusea, vômito, diminuição da frequência cardíaca e perda do equilíbrio. O diagnóstico é feito por exames de imagem, como tomografia computadorizada, ressonância magnética e angiografia com ou sem contraste. Em outros casos o médico pode ainda solicitar punção lombar. O tratamento da hemorragia cerebral é geralmente cirúrgico, e tem como objetivo retirar o sangue e o coágulo para diminuir a pressão dentro do cérebro causada pelo sangramento*).

Foi muito difícil para Junior assimilar aquilo, não entendia o porquê. Às vezes ele ficava olhando as fotos da ex namorada nas mídias sociais, baladas com amigas como se nada tivesse acontecido, porque? Conformou-se, afinal, nada é para sempre. Júnior resolveu seguir a vida. Algum tempo depois, conheceu uma outra pessoa através de um aplicativo de relacionamento; era uma mulher diferente, trabalhadora, bom papo, uma pessoa muito interessante.

As sequelas logo apareceram. Começou a ter convulsões muito fortes e, quando elas começavam, era necessário deitá-lo no chão para não quebrar nada e não se machucar. Após as crises convulsivas, ele sentia apenas vontade de dormir (*Convulsão é um distúrbio que se caracteriza pela contratura muscular involuntária de todo o corpo ou de parte dele, provocada por aumento excessivo da atividade elétrica em determinadas áreas cerebrais. As convulsões podem ser de dois tipos: parciais, ou focais, quando apenas uma parte do hemisfério cerebral é atingida por uma descarga de impulsos elétricos desorganizados, ou generalizadas, quando os dois hemisférios cerebrais são afetados*).

Júnior foi encaminhado para o Hospital das Clínicas, um hospital referência em neurologia. Chegando lá deparou-se com a triste realidade do atendimento público, uma das piores cenas que ele vivenciou. Haviam muitas pessoas largadas nas macas pelos corredores, algo assustador. Ele chegou às nove da manhã para um exame e ficou aguardando até às dezessete horas, a espera foi angustiante. Com fome e sem resposta, resolveram ir embora, porém encontraram o médico que havia feito o atendimento no corredor e ele foi logo avisando que o Júnior não poderia ir embora. Precisava fazer uma cirurgia para retirada do coágulo (drenagem). O médico explicou que o coágulo poderia, a qualquer momento, causar dor de cabeça súbita e grave, isso poderia levar à dificuldades na fala e/ou visão e à morte das células do cérebro na área afetada. Como assim?! Ele estava espantado pois havia passado por outros três médicos em outros hospitais e a informação era que aquele coágulo iria ser absorvido pelo próprio organismo. Muito assustado, ele disse que ninguém colocaria a mão em sua cabeça, assinaria os papéis de responsabilidade e voltaria para a casa. Aquela reação não agradou ao médico, mas atendeu seu pedido, os papéis foram assinalados e, em seguida, f oi liberado para voltar para casa com a sua mãe.

As convulsões ficaram mais frequentes na vida do Júnior, a cada duas horas ele tinha uma crise convulsiva. Perda de consciência acompanhada de espasmos musculares involuntários e, após cada crise, ele dormia. Naqueles momentos Junior precisava exercitar sua fé.

Um dia, segundo ele mesmo relatou, numa dessas experiências, Junior viu um anjo. Parecia ser de carne e osso e conversava com ele. O anjo tinha um físico de um homem forte, alto, usava um tipo saia de penas e nas costas um par de asas lindo que, ao se abrir, encostava do chão ao teto de seu quarto. No livro de Apocalipse 22: 8-9 diz que os anjos também trabalham na vida dos seguidores de Jesus. Por ordem de Deus, anjos podem dar apoio espiritual, guiar, transmitir mensagens e lutar contra as forças do diabo em favor dos crentes, mas os anjos não devem ser adorados. Eles são meros servos obedientes de Deus. Junior compartilhou essa experência com a mãe que pensou que ser um delírio por causa das convulsões, ela não deu crédito ao relato. Naquele mesmo dia, quando ela foi limpar o quarto do Júnior, achou uma pena branca. Ela sabia que a principal função dos anjos diz respeito à adoração à

Deus, mas entendeu que eles estavam desempenhando algo em favor do filho e, assim, começou a acreditar no que o filho tinha relatado.

Alguns dias se passaram, enquanto lavava roupas, a mãe de Júnior encontrou um pino de cocaína no bolso da calça jeans. Ela o confrontou e, como nao podeia mentir, confessou que continuava fazendo o uso da substância.

A Bíblia diz que os anjos se alegram quando um pecador se arrepende (Lucas 15:10). Naquela sincera conversa com a mãe, ele afirmou com fé que nunca mais iria usar drogas, mais do que isso, que não precisaria da ajuda de ninguém ou de internação em clínica de dependentes químicos. Ele tinha certeza que iria colocar sua fé em ação e seria liberto do vício. Claro que houve insegurança por parte dos pais, como eles iriam confiar nele?

Júnior se sentia um lixo e ao mesmo tempo leve por não precisar mais esconder que era um viciado. Decisão tomada, ele tinha um longo caminho pela frente. Devo acrescentar que não existe uma só causa, ou uma só consequência na história do Júnior. É preciso pensar no papel que sociedade, família, religião, profissão, psicologia, mídia, polícia e políticas sociais desempenham no contexto da drogadição. No Brasil, o consumo aumenta a cada ano: 1,46 milhões, ou 0,7% dos cidadãos, consomem cocaína. Levando em conta todos os derivados da droga como o crack, a cifra chega a 5,6 milhões de usuários. O Brasil é o segundo maior mercado de cocaína e seus derivados no mundo. O número absoluto de usuários no Brasil representa 20% do consumo mundial.

Após escolher abandonar o vício, as coisas começaram a mudar e Júnior excluiu as amizades tóxicas. Não daria espaço às drogas e resolveu deixar para trás muitas coisas que não faziam bem pra ele.

O natal em família foi ótimo, todos reunidos e felizes, mas o ano novo foi bem diferente. Era uma data que ele sempre comemorou com muitos amigos, pessoas, festas e drogas. Escolheu passar aquela data somente com os pais. Onde estavam os "amigos"? Muitas lembranças o atormentaram aquela noite, não tinha curtição somente os verdadeiros amigos, aqueles com os quais podia contar em toda circunstância. Chorou bastante, ter mais uma chance de viver significava muito.

Ele resolveu procurar a garota do aplicativo e iniciar um novo relacionamento, mas ainda tinha muita dificuldade em relacionamentos a dois. A inteligência emocional não é algo inato, existem formas de exercitá-la. Nunca é tarde demais para aprender algo novo, por isso, independentemente da situação, ainda é possível desenvolver a inteligência emocional e ter uma vida melhor e mais feliz. Perdemos, facilmente, o contato com as nossas emoções quando estamos demasiadamente ocupados e preocupados com o que temos que fazer e com o que pode ser feito. Em vez de cuidarmos bem das nossas emoções, escolhemos, na maior parte das vezes, ignorá-las. O que não percebemos é que ao suprimir as nossas emoções só estamos complicado as coisas. Quanto mais tentamos ignorar as nossas emoções, mais descontroladas elas se tornam. Quando sentimos que têm alguma emoção negativa, é importante verificar o motivo, respirar fundo e ajustar. Junior tinha dificuldade para ajustar as emoções, tudo o que tinha acontecido com ele até aquele momento não foi suficiente e ele ainda mantinha vários relacionamentos amorosos simultaneamente.

Em 2016 ele veio para Orlando com a mãe e as irmãs, foi nessa visita que eu o conheci pessoalmente. Aqui coisas incríveis aconteceram. Junior se identificou muito com meu filho e meu marido, foram muitas conversas com Amilton. Segundo relato do Junior, o Amilton conseguiu mostrar o verdadeiro significado do amor e convívio familiar. Amilton é um homem exemplar e muito querido; ele percebeu que deveria mostrar ao Júnior que família não é apenas um contrato social, onde se dá responsabilidade para o homem e para a mulher. Deus criou a família para vivermos num ambiente de amor e comunhão e, com certeza, Júnior conseguiu perceber essa cumplicidade, que a nossa família é um bem precioso, um tesouro que Amilton zelava com uma joia, um alicerce, e sinônimo de fidelidade. Foram várias noites de muito bate papo e ensinamento.

fazer parte daquele momento, na sala de parto tinham 12 pessoas entre enfermeiros e médicos e, claro, Junior estava lá também. Que momento emocionante foi a chegada da Mariana. O médico entregou uma toalhinha para o Junior e disse: "Vai pai, limpa sua filha". Ele mal conseguia ficar em pé de tanto chorar de emoção.

Passaram-se dois meses, Junior continuava buscando um trabalho, mas as coisas não estavam fáceis. Deus é Deus de providência. Junior tem um amigo que mora em Santa Cecília - SC, ele é seu padrinho de casamento no civil e foi visita-lo. Junior tinha fé e sabia que era hora de agradecer o seu renascimento, o nascimento da filha e a família que estava construindo. Ele convidou o amigo e juntos foram à igreja orar e agradecer por tudo de bom que estava acontecendo. Quando terminaram a oração, o celular do Júnior tocou, era de uma empresa de fornos industriais falando que analisaram o seu currículo e que tinham uma proposta de trabalho pra ele. Solicitaram que ele comparecesse na empresa no dia seguinte. Uma alegria e um sentimento de gratidão tomou conta do coração do Junior, ele e o amigo agradeceram a Deus pela vitória. Mais uma vez as coisa pareciam estar entrando nos eixos. Trabalhou nesta empresa por dois anos e meio e, quando deixou a empresa, montou a sua própria empresa de fornos industriais. Toda experiência adquirida naquele lugar foi recompensada.

Atualmente, Junior mora com a esposa, a filha Mariana e Jorge que é filho do primeiro relacionamento de Edmare. O sonho dela era trazer o seu filho para morar com ela e pode realizar o desejo de seu coração. Junior cuida dele como um pai, pois acredita que isso vai além de laços sanguíneos. Entendeu a importância da família e que aquele que acolhe e cuida com amor, carinho e educação é quem desempenha o papel de pai. Desenvolveram uma real relação de pai e filho (Jorge ate mesmo o chama de pai). Enzo, o filho mais velho do Júnior, o visita a cada quinze dias e, apesar de morar com a mãe, está presente no meio da muvuca! Com certeza Deus tem abençoado a vida do Júnior, e ele afirma que venceu pela fé, *"Porque todo o que é nascido de Deus vence o mundo; e esta é a vitória que vence o mundo, a nossa fé". 1 João 5.4*

CAPÍTULO 9
DESAFIOS DE UM MESTRE

De modo que, tendo diferentes dons, segundo a graça que nos é dada: se é profecia, seja ela segundo a medida da fé; se é ministério, seja em ministrar; se é ensinar, haja dedicação ao ensino; Romanos 12:6,7

Clélia Arlete Silva de Oliveira, 59 anos, mora em Osasco/São Paulo- Brasil formada em educação física pela Universidade de Santo Amaro, e trabalhou na rede de ensino do estado de São Paulo como professora por 30 anos.

Por volta dos seus 18 anos, ela falou para o seu pai que iria cursar enfermagem, porém naquela época essa profissão não era vista com bons olhos e foi proibida pelo seu pai de exercê-la, então ela decidiu cursar Educação Física, pois admirava muito uma professora que ela tinha na infância (*De acordo com o Ministério da Educação (MEC), o tempo de formação em Educação Física – Bacharelado deve ser oferecido dentro de uma carga mínima obrigatória de 3.200 horas – o que dá pelo menos quatro anos*).

Clélia foi professora de escola particular e pública, lecionou para crianças e adolescentes (de 06 anos a 20 anos). Iniciou trabalhando com crianças do ensino fundamental II (de 10 a 15 anos) em 1987 na rede pública do Estado de São Paulo (Osasco), neste período as escolas públicas já sofriam com a falta de recursos, era necessário realizar festas nas escolas para arrecadar renda para a compra de material, ou seja, as festas eram de responsabilidade única e exclusiva das escolas, o governo não auxiliava com verbas para tal finalidade, também o número de alunos por sala era elevado, em torno de 30 à 35 alunos por sala.

O primeiro trabalho como professora de educação física foi em uma escola pública onde a quadra para realização das atividades de educação física estava localizada dentro da comunidade. Já na primeira aula na quadra ela pode perceber que haviam pontos de tráfico na escola. Isso claramente exigiu dela muita cautela e coragem. Com o passar do tempo os traficantes perceberam que ela não implicava com a presença deles e as aulas aconteciam normalmente. Foi então que os traficantes, familiarizados com a presença das aulas, propuseram um acordo para continuarem usufruindo do espaço da quadra. Os traficantes passaram a se retirar da quadra assim que ela chegava com seus alunos, e ela, por sua vez, desocupava a quadra 10 minutos antes do horário da aula terminar. Depois deste "acordo" ela conseguiu trabalhar mais "tranquila".

Na escola pública era necessário ter jogo de cintura para lidar com o dia a dia, pois ela trabalhava com todos os tipos de alunos, tinham alunos com liberdade assistida, ou seja, menores infratores que eram acompanhados judicialmente por causa de seus comportamentos; ela tinha alunos que moravam com a família e também alunos que moravam na FEBEM Fundação Estadual de Bem estar do Menor (*Centro de Atendimento Socioeducativo ao adolescente, criada pelo Governo do Estado de São Paulo e vinculada à Secretaria do Estado da Educação*). Claro que não se pode generalizar que todo menor que havia cometido algum erro no passado er perigoso, mas a tensão era real. Certa vez, Clélia teve uma experiência com um aluno que não a deixava dar aula, ele colocava os alunos sentados na arquibancada da quadra e dizia que os mesmos só iriam fazer o que ele queria. Algumas vezes ela aceitava somente para não ter conflitos com ele, contudo aquela situação lhe dava medo e pânico e, todas as vezes que ela precisava dar aula para aquela turma, ela chorava. Era um desespero silencioso, ela orava pedindo a Deus que nada de ruim acontecesse. Ela notificou o caso para a diretora da escola, mas a diretora simplesmente disse que ela deveria fazer um trabalho para resgatar o aluno. Clélia ficou em choque com a postura da diretora e questionou dizendo; - "Se nem a família dele e a FEBEM o resgataram, como você quer que eu faça isso?". Passados alguns dias o mesmo rapaz teve um conflito com uma professora de matemática a ameaçando a mesma de morte. Só então a diretora resolveu acionar o juizado de menores (*Os Juizados da Infância e Juventude, anteriormente denominados de Juizados de Menores, são órgãos do judiciário estadual brasileiro que julgam causas de interesse das crianças e adolescentes em situação de risco e dos procedimentos de apuração de atos infracionais cometidos por adolescentes*), fazendo com `que o mesmo fosse transferido de escola. O aluno foi transferido, Clélia agradeceu a Deus, pois sabia que era um livramento.

Entre os anos de 1987 a 1999 ainda se podia considerar que os alunos tinham certo respeito aos professores da escola, não haviam tantas agressões (verbais e físicas) contra os professores, os casos problemáticos eram mínimos e específicos, sendo relacionados a crianças e jovens com problemas familiares ou de envolvimento com drogas e furtos.

As atividades em quadras precisavam ser todas adaptadas, as escolas nao tinham recursos ou material. Desta forma, quando não tinha bola, ela precisa fazer bolas de meias, se faltava cones ela usava latinhas para fazer a demarcação das atividades, para os jogos de voleibol não tinha a rede então ela usava cordas para dividir a quadra. Todo material era provido e confeccionado por ela.

Os professores de escola pública são efetivados através de concurso público (*No geral, as inscrições para participação no concurso público para professor ocorrem em um período pré-determinado, presencialmente*), porém Clélia prestou o concurso e não foi aprovada. Isso não a desanimou, ela não desistiu, muito pelo contrario, continuou trabalhando como professora temporária (contratada apenas pelo período letivo, não tinha um vínculo fixo com uma escola). Neste regime trabalhista, era necessário que no início do ano letivo, o profissional fosse até a secretaria de ensino para escolher aulas que ficavam disponíveis. Esta incerteza trazia muita angústia pra ela, pois não sabia se teria ou não uma carga horária suficiente que garantiria seu sustento. A cada ano o numero de aulas diminuía. Em 2010, devido ao fechamento de grande número de turmas, Clelia não conseguiu atuar diretamente como professora de educação física (*estrutura da Secretaria da Educação, tem três faixas funcionais de servidores do quadro do magistério: I – Efetivos titulares de cargo (Categoria A), admitidos por meio de concurso público; II – Estáveis (Categoria P, N e F) e III – Contratados ou Candidatos a Contratação pela LC 1093/2009 (Categoria O ou V – eventual).* Todavia uma nova oportunidade estava se descortinndo, ela fez uma inscrição para ser professora mediadora (*trabalhar com mediação pedagógica, é se colocar como um facilitador, incentivador, que intervém em algum conflito entre alunos e/ou conflitos entre aluno e professor. Caso necessário o mediador e o responsável por contactar o conselho tutelar e a ronda escolar*).

Clélia Trabalhou por 05 anos como professora mediadora em uma escola pública há um quarteirão de sua residência. Sofreu diversas agressões verbais na porta de sua casa e em sua vizinhança pelo papel que desempenhava.

Ela tinha um aluno chamado João, ele não fazia nenhuma atividade em sala de aula, mas ficava andando pela escola com uma mochila nas costas. Clélia ficava observando as atitudes do João e constantemente recebia esse aluno em sua sala porque alguns professores o encaminhavam para uma conversa séria com ela. Às vezes ela tentava entrar em contato com os pais do João, porém os mesmos nunca compareceram à escola, transferindo a responsabilidade para a avó. Em um determinado momento a avó se esgotou com tantas reclamações e simplesmente resolveu que não compareceria mais à escola, pois acreditava que o João não tinha mais jeito, com essa atitude da avó, Clélia decidiu acionar o conselho tutelar. Com a pressão do Conselho Tutelar (*órgão municipal responsável por zelar pelos direitos da criança e do adolescente. Foi criado conjuntamente ao ECA – Estatuto da Criança e do Adolescente, instituído pela Lei 8.069 no dia 13 de julho de 1990*), o pai teve que comparecer na escola. Clélia explicou para o pai do João que ele estava andando com más companhias, estava andando com uma mochila (suspeita) pela escola e que ela suspeitava que o aluno estava envolvido com drogas. Quao grande foi a decepção, pois o pai simplesmente ignorou a informação e nenhuma providência foi tomada. Com o decorrer do tempo, o pai de João foi chamado novamente porque o mesmo tinha arrancado todos os vidros recém colocados na escola. Quando o pai chegou à escola foi informado do ocorrido e ficou furioso. Ele solicitou que chamassem João, que estava na sala de aula. Na sala da Clélia, o pai agrediu o menino com tapas e socos no rosto e tiveram que interferir para que o pior não acontecesse. O pai recolocou os vidros e todos os outros alunos presenciaram a atitude do pai do João. João era na escola um "*aviãozinho*", ou seja, era usado por traficantes para vender drogas dentro da escola, a vigilância era grande para que os outros alunos não se envolvessem ou comprassem as drogas.

Passado um tempo, João foi preso por assalto a mão armada, com certeza a insegurança e o medo que Clélia tinha de sair sozinha da escola e sofrer retaliações aumentou.

A rotina da Clélia era intensa. Ela também presenciou o caso da Amanda. Amanda sempre usava blusas de manga longa no frio ou no calor. Essa caacteristica levou uma professora a encaminha-la a para uma conversa com a Clélia. Pouco a pouco, através de conversas, Amanda foi baixando a guarda e se abrindo com Clelia. Foi um processo a longo prazo *e* depois de uma longa investigação, a mãe da Amanda foi chamada para uma conversa. Esta alegava não ter nada a ver com os comportamentos da filha. A suspeita de Clélia era que a aluna se mutilava com a lâmina do apontador de lápis, (o *melhor a fazer nesse caso é perguntar para o aluno, em conversa privada, de forma carinhosa e atenciosamente, desde quando começou a fazer isso e se os pais sabem. Essa será a deixa para que o aluno comece a conversar. Perguntar o que está acontecendo e de que forma você pode ajudá-lo. Prepare-se psicologicamente para ouvir histórias de acontecimentos difíceis ou traumáticos da vida do aluno*). Depois de algum tempo, Amanda sentiu a necessidade de contar para Clélia sobre o que estava acontecendo; como não tinha apoio da família, ela contou que se mutilava porque era abusada sexualmente pelo padrasto, (*as consequências do abuso sexual infanto-juvenil estão presentes em todos os aspectos da condição humana, deixando marcas físicas, psíquicas, sociais, sexuais, entre outras – que poderão comprometer seriamente a vida da vítima (criança ou adolescente) que passou por determinada violência).* Após a confissão da aluna, Clélia informou a ronda escolar e o Conselho Tutelar e a aluna foi encaminhada para um psicólogo da rede SUS (*Sistema Único de Saúde, o sistema de saúde pública do Brasil. O SUS foi criado pela Constituição Federal de 1988 e regulamentado pela lei nº 8.080/90).* Amanda iniciou o tratamento, porém a escola descobriu que a mãe dela tinha ciência do abuso, mas abafava o caso porque sofria maus tratos do companheiro.

Certo dia, um aluno colocou um cesto de lixo em cima da porta da sala semi-aberta e, quando a professora empurrou a porta para entrar em sala de aula o cesto caiu em sua cabeça. O resultado da brincadeira de mau gosto foram ferimentos na cabeça e nos braços da professora. Um aluno que estava na sala saiu correndo até a sala da Clélia pedir ajuda, *quando ela chegou à sala, os alunos estavam muito assustados. A ambulância do SAMU (Serviço de Atendimento Móvel de Urgência (SAMU 192) tem como objetivo chegar precocemente à vítima após ter ocorrido alguma situação de urgência ou emergência que possa levar a sofrimento, a sequelas ou mesmo à morte)* foi chamada para levar a professora ao hospital devido os ferimentos. Ao retornar para a sala de aula, Clélia se deparou com uma aluna que estava assustada e chorando, ela foi retirada da sala para tentar se acalmar e conversar. Essa aluna contou quem foi o aluno responsável pela armadilha para a professora. Clélia chamou Arthur para uma conversa e telefonou para seus pais para que comparecessem urgentemente à escola. Imediatamente os pais compareceram, e Clélia então expôs o acontecido, A mãe d menino passou mal e desmaiou, ao despertar chorou muito, ela mal podia acreditar que o filho havia sido responsável aquela maldade. O pai terminou de escutar toda a história e iniciou uma conversa com o filho na tentativa de incitar em Arthur empatia pela professora, o mesmo também tentouconscientiza-lo de que, naquela situação, os pais poderiam sere responsabilizados pela receber atitude dele e sofrerem punição judicial (*Os jovens menores de 18 anos são considerados "penalmente inimputáveis", ou seja, não podem responder criminalmente por seus atos infracionais*), mas Arthur ouvindo e vendo tudo aquilo dava risada ignorando completamente tudo que o pai estava dizendo. Os pais de Arthur ficaram sem reação com tudo o que haviam presenciado e pediram desculpas. No entanto, tiveram que comparecer na delegacia para prestar esclarecimentos, pois a professora fez um boletim de ocorrência.

Outra situação foi com Angélica, uma garota de mais ou menos 11 anos. Certo dia a cantineira informou que todos os dias Angélica chegava na cantina com cerca de R$200,00 e pagava lanches e doces para todas as coleguinhas. Clélia entrou em contato com a mãe de Angélica para tentar entender se a mãe estava realmente dando dinheiro para a aluna gastar na cantina. A mãe de Angélica por telefone disse que iria verificar, pois um dia antes Angélica estava em sua casa com alguns coleguinhas. Algumas horas depois, a mãe de Angélica chegou na escola e contou que trabalhava vendendo roupas. O dinheiro que recebia guardava em uma caixinha embaixo da escada para juntar e pagar as contas do mês, Angélica havia descoberto onde o dinheiro ficava e estava pegando dinheiro da caixinha para pagar coisas na cantina para as coleguinhas e assim se tornar "popular". Angélica foi chamada, chegando à sala, a mãe brava começou a bater na garota, Clélia precisou acalmar a mãe da aluna. Alguns dias depois, a mãe de Angélica informou que não haviam sido apenas R$200,00, mas um total de R$500,00 havia sido tirado da caixinha.

Valéria tinha um comportamento agitado, não conseguia ficar em sala de aula, a todo o momento pedia para ir à sala da Clélia para conversar. Ela não se expressava de forma clara, cada conversa era uma história diferente, ou seja, sempre pedia para sair da sala com alguma desculpa, e foi assim que descobrimos que a ela estava indo até o banheiro para cheirar cocaína. Clélia ficava grande parte do tempo atras dela para tentar inibir o consumo. Em um dia normal de aula,

Valéria trouxe para escola (sem que os funcionários percebessem) um vidro de refrigerante, dentro tinha bebida alcoólica e cocaína, ela bebeu o líquido escondido. Valéria foi até a sala da Clélia dizendo que estava passando mal, que não estava sentindo os movimentos dos membros superiores e sua fala estava enrolada. Clélia colocou Valéria sentada em um banco da sala e chamou o diretor, ela explicou a situação e o diretor não acreditou, afirmando que a aluna estava fingindo porque sempre aprontava muito na escola. O diretor saiu da sala e Clélia percebeu que os membros inferiores e superiores dela estavam retorcidos, não conseguia falar e seus músculos rígidos. Num impulso desesperado Clélia colocou a aluna dentro do carro e a levou até o pronto socorro mais próximo da escola. Chegando ao pronto socorro a overdose foi atestada e foi ministrado o medicamento adequado. Os pais foram chamados para comparecerem no pronto socorro. Ao chegar ao pronto socorro, o pai da Valéria não admitia que a filha houvesse usado cocaína, alegava que os médicos estavam mentindo e que ela apenas tinha passado mal. Ao presenciar a atitude do pai o médico questionou - "Você acha que eu estou mentindo? Se ela não está tendo uma overdose, ela bebeu o quê?" quando o pai entendeu que o que estava acontecendo, pediu desculpas para todos os presentes e indignado dizia, "Não imaginava que ela poderia fazer isso, os meus outros filhos me dão muito trabalho, eu nunca imaginei isso dela". Depois desse acontecimento, Clélia ficava "colada" na aluna para que não acontecesse novamente, mas efetivamente nenhuma atitude cabível foi tomada nesta família que gerasse qualquer mudança no comportamento de Valéria.

Durante o intervalo do ensino médio (alunos de 16 a 18 anos), Clélia e os inspetores de alunos tinham que ficar circulando pelo pátio porque eram constantes as brigas e o tráfico de drogas. Existia muito desentendimento entre turmas, quando alguma briga acontecia fora da escola, os alunos tratavam de terminar o desentendimento dentro da escola. Percebendo que Pedro havia removido o pé de uma das carteiras, Clélia alertou um dos inspetores, pois tinha certeza que o aluno ia se envolver em uma briga, o comportamento de aluno era suspeito. Pedro atravessou o pátio correndo com a madeira na mão, Clélia gritou e o inspetor já chamou o diretor, num impulso Clélia segurou Pedro pelo peito e o foi empurrando para sala do diretor. O aluno tinha mais ou menos 1,80m e não sei onde ela encontrou tanta força, sendo ela uma pessoa de apenas 1,50m. O outro aluno envolvido foi identificado e levado à sala da direção. A ronda escolar foi acionada (*Atividade policial ostensiva voltada à segurança dos estabelecimentos de ensino e do perímetro escolar predefinido, visando a cumprir o estabelecido no programa de segurança escolar, de tal modo que satisfaça as necessidades de segurança da comunidade escolar*). Quando os policiais da ronda escolar chegaram, trataram de conversar com os alunos e informaram que se acontecesse novamente, eles seriam levados para a delegacia para a realização de um boletim de ocorrência. A ronda escolar foi embora e aparentemente tudo estava tranquilo. No dia seguinte porém, antes do início da aula (ainda do lado de fora da escola), Pedro e Miguel brigaram na rua com pedaços de madeira, a briga se estendeu para as dependencias da escola, causando pânico nos demais alunos. Logo a ronda escolar chegou e, por serem maiores de idade, os alunos foram levados para a delegacia para prestarem esclarecimentos do ocorrido.

O trabalho de um mediador requer muita saúde mental. É difícil não absorver o problema dos alunos. Haviam dias que Clélia chegava em casa esgotada, devido a tantos problemas com os alunos, além das ameaças sofridas por parte de alunos e pais de alunos. O maior problema da escola publica é que as maioria dos pais não acompanha o dia a dia de seus filhos, assim, os mesmos acabam se envolvendo com drogas e prostituição. Muitas vezes foi preciso que Clelia saísse da escola para buscar alunos que estavam se drogando ou se prostituindo no parque que ficava próximo à escola.

Na escola pública a segurança é precária, alguns alunos roubam outros alunos, destroem o patrimônio público, colocam fogo nas cortinas e latas de lixo. Os demais alunos que presenciam a depredação e as atividades criminosas têm medo de represália. Com certeza não se sentem seguros, especialmente uma vez que deixam as dependências apanhar da escola. Os problemas que Clélia enfrentou como mediadora escolar são diários. Não podemos esquecer que o professor é, neste contexto, um profissional de extrema importância, pois, além de promover conhecimento, é responsável por contribuir na formação sócio-moral do aluno. O papel do professor enquanto mediador no processo de aprendizagem vai além de transmitir conteúdo, é transmitir valores e contribuir para o desenvolvimento de uma sociedade melhor e mais justa.

Certo dia uma aluna de mais ou menos 12 anos, irei chamá-la de Mel, estava no banheiro feminino um pouco antes da aula terminar. Alguns minutos depois todos escutaram um barulho enorme, identificaram uma nuvem de poeira saindo do banheiro e a aluna saiu com as mãos nos ouvidos. Grande foi o susto, todos tentavam entender o que havia acontecido. Para a surpresa de todos, uma bomba foi colocada atrás do vaso sanitário em uma das cabines do banheiro, danificando o patrimônio. A explosão causou danos na audição da menina tamanho o barulho (*Trauma acústico é um dano causado no ouvido provocado por ruído repentino e potente como por exemplo o de uma explosão que pode provocar danos no tímpano e consequentemente perda de audição do tipo condutiva.*). Foi desesperador! (*De forma geral, quando os alunos estão sob a vigilância e autoridade de uma instituição de ensino. A escola deve zelar pela segurança e integridade física e mental dos estudantes. (...) É o caso de quando um aluno se machuca ou sofre algum tipo de violência como o bullying*). A aluna foi encaminhada para o hospital mais próximo, a família foi avisada e chegaram a tempo para ir junto com a aluna na ambulância. Após alguma investigação para saber quem colocou a bomba, um aluno com liberdade assistida (*A Liberdade Assistida pressupõe certa restrição de direitos e um acompanhamento sistemático do adolescente, mas sem impor ao mesmo o afastamento de seu convívio familiar e comunitário. Essa medida é fixada pelo prazo mínimo de seis meses, podendo ser prorrogada, revogada ou substituída caso a Justiça determine*), foi identificado como o possível causador da explosão. O mesmo negou a participação, (o aluno precisava ser investigado de forma correta devido a situação delicada que estava enfrentando com a justiça) e depois de uma longa conversa investigativa ele afirmou saber quem era o responsável e que iria busca-lo. Em alguns minutos o aluno retornou com o responsável por toda aquela tragédia. Era um aluno de mais ou menos 14 anos, ele contou que desceu 5 minutos antes da aula terminar e colocou as bombas para "assustar" os outros alunos com as explosões, mas não esperava que o pior pudesse acontecer. Os pais do aluno foram acionados, mas não compareceram para tomar ciencia do ocorrido. O próximo passo foi chamar o conselho tutelar para que fossem até a residência do menor. Os pais da Mel fizeram um boletim de ocorrência contra o menino levando o caso para o poder judiciário. (*A função do Judiciário é garantir e defender os direitos individuais, ou seja, promover a justiça, resolvendo todos os conflitos que possam surgir na vida em sociedade...*). Infelizmente os alunos que mais geram problemas são aqueles cujo os pais não acompanham de perto e não comparecem à escola quando chamados. *A Pesquisa Nacional de Saúde do Escolar (PENSE/2015) feita pelo IBGE mostra dados preocupantes. Grande parte dos pais ou responsáveis não acompanham nem supervisionam adequadamente o desenvolvimento educacional dos filhos com idade entre 13 a 17 anos. Uma criança desprezada pode ter inúmeros problemas comportamentais. A falta de um comportamento adequado surge nas crianças devido à negligência dos pais, além de advir do fato de que essas crianças julgam mal seus próprios atos, por não terem referências. Isso muitas vezes causa problemas, primeiro na escola e depois com a lei. As crianças negligenciadas frequentemente se juntam a grupos criminosos para poder ter a sensação de pertencer a algum conjunto, algo que elas não sentem quando estão em casa.*

Certo dia, durante o intervalo de troca de salas, uma professora dirigiu-se a sala para dar aula, ao colocar a mão na porta que estava entreaberta teve sua mao prensada por Emanuel que empurrou a porta para impedir que a mesma entrasse. O impacto foi tão severo que a professora teve corte nos dedos indicador, médio e anelar precisando levar pontos e também perdeu as unhas. Esta professora pediu afastamento da escola, desenvolveu depressão e não retornou mais para a sala de aula. (*Em 2015, os transtornos mentais e comportamentais lideraram as causas de licença na rede estadual, com 28% dos casos. Na rede municipal, eles contribuíram para um número absurdo: a quantidade de afastamentos superou o total de professores em sala. Em 2012, o Atlas de Gestão de Pessoas registrou 64,2 mil licenças diante de 58,5 mil servidores ativos*).

Os pais de Emanuel foram chamados, mas não compareceram na escola, estavam acostumados com tantas reclamações sobre o mau comportamento do filho. Uma reclamação a mais ou a menos não fazia diferença para eles. Muitos pais, assim como os de Emanuel, não acompanham o desenvolvimento dos filhos. Ao final do ano letivo querem cobrar do professor e da escola um resultado positivo em relação às notas, como se o professor fosse o culpado pelo péssimo desempenho do aluno que, muitas vezes, é agressivo e desrespeitoso em sala de aula, não faz as tarefas, além de atrapalhar o professor e os demais alunos no andamento dos estudos em sala. Com certeza os pais de Emanuel não compareciam à nenhuma reunião durante o ano, não acompanhavam nas tarefas de casa, e se achavam no direito de culpar o professor pelo baixo rendimento. Defendiam o filho em situações em que o mesmo deveria ser corrigido e educado.

Em seu último ano de trabalho (2016), havia um aluno que, todas as vezes que passava em frente à casa da Clélia, proferia palavrões de baixo calão. Devido a seu comportamento sua avó era sempre chamada na escola. No final daquele ano Clélia e a família estavam reunidos em sua casa para comemorar o Natal. De repente jogaram uma bomba caseira na garagem da casa fazendo um barulho enorme. Todos se assustaram, ela e o marido saíram para ver quem tinha jogado a bomba. Correram atrás de um menino e o conseguiram alcançar no final da rua, o aluno confessou e era o mesmo garoto que ficava xingando a Clélia. Eles o advertiram que, se fizesse algo parecido novamente, iriam chamar a polícia. O aluno que jogou a bomba na casa da Clélia morava com a avó, ele sempre aprontava e era indisciplinado. Apesar dos esforços da avó de corrigir o comportamento do menino, por ser uma senhora de idade não conseguia impor ao menino a mudança de atitude e o garoto abusava do "poder" que tinha sobre a avó.

Sabemos que a tarefa de educar um filho não é simples, mas cabe aos pais incentivar desde cedo um relacionamento saudável entre a criança e as suas emoções, para que ela conheça bem a si mesma e saiba identificar qual a maneira certa de tratar todos aqueles ao seu redor, uma criança que não respeita seus pais e avós, não respeitará ninguém, com certeza será um adulto egoísta e prepotente.

Clélia também trabalhou em escola particular, era mais "tranquilo", pois a estrutura era melhor, com um corpo docente mais organizado e envolvido em cada caso, atendendo melhor ao profissional e ao aluno. Os problemas eram raros, porém geralmente quando ocorriam eram causados pelos pais. Nao era difícil ouvir a frase *"eu pago o seu salário"* em determinados contextos. A omissão da escola em determinados casos contribuía para a humilhação do professor, deixando-o sem reação e de mãos atadas. Pois, quando a educação vira um produto, o *"cliente tem sempre a razão"*.

Em 1999, Clélia iniciou seu trabalho em escola particular com professora de educação física. Uma das regras para a particiapacao dos alunos em educação física era a exigência de atestado médico que afirmasse que o aluno estava apto a realizar atividades físicas. Haviam alguns alunos com condições de saúde que impossibilitavam a realização de algumas atividades físicas e caso os alunos não trouxessem o atestado até a data prevista pela escola, não tinham permissão de fazer a aula. Certo dia ao chegar para trabalhar no período da tarde (mais ou menos 13h00), a coordenadora do fundamental I (alunos de 07 a 11 anos) chamou Clélia para ir até sala dela, e foi logo informando que o pai de Andressa havia exigido que a ela se retratatasse perante a sala porque a aluna havia apresentado o atestado e a secretaria havia perdido o documento. Alegou que a filha dele estava apta para fazer aulas e que a menina havia sdo "humilhada perante os colegas. Como o pai de Andressa era advogado, ameaçou processa-la. (*Um estudo global da Organização para Cooperação e Desenvolvimento Econômico (OCDE) colocou o Brasil como primeiro lugar no ranking de agressões – físicas ou verbais – contra professores no ambiente escolar. Dos 34 países envolvidos na pesquisa, o Brasil foi o que teve maior média de docentes ameaçados ou intimidados ao menos uma vez por semana: 12,5%.* Fonte: SINPRO-DF). No dia seguinte, Clélia e a coordenadora foram até a sala de Andressa, a coordenadora explicou detalhadamente e cuidadosamente a importância da apresentação do atestado médico, então chamou a Andressa até a frente da sala e pediu desculpas se por acaso ela tivesse se sentido humilhada. Qual nao foi a surpresa com a reação da aluna que respondeu para a coordenadora "Não esquente, Dona Sandra (nome fictício), o meu pai também se enganou e esqueceu de fazer o atestado físico dele quando era jovem". O pai em momento algum voltou para desculpar-se ou retratar-se com a coordenação. Tentou imputar a professora e a escola a responsabilidade de um erro dele. Passados alguns dias, a aluna trouxe o atestado e foi autorizada a participar das aulas.

Em uma atividade de competição de atletismo em turmas de fundamental I (de 06 a 09 anos) os alunos foram organizados em fileiras, a cada comando que Clélia fizesse com o apito era autorizada a saída dos primeiros de cada fila. Havia um aluno que não conseguia lidar om a frustração, nao aceitava perder e só aceitava as brincadeiras que ganhava. E lá estava ele, o primeiro da fila, Clélia apitou e todos saíram correndo, porém Victor chegou em último lugar e todo nervoso questionou dizendo que a competição não estava certa, pois ele havia chegado em último lugar. Ele todo nervoso reclamou com a professora, mas, ela precisava continuar a atividade com os demais participantes, e Victor continuou ali reclamando. Mais uma vez Clelia explicou as regras do jogo, mas estava difícil para ele aceitar. No dia seguinte, a mãe de Victor foi até a escola falar com coordenadora alegando que a professora Clélia havia cuspido no rosto do aluno. Clélia foi chamada na sala da coordenadora e precisou explicar o acontecido, porém a mãe não aceitava que o filho estava mentindo, Clélia deu uma explicação óbvia para a mãe do Victor, provavelmente, ao apitar, a saliva dentro do apito foi parar no rosto do aluno a medida que ela precisava continuar apitando a atividade enquanto ele a questionava. A mãe querendo defender o filho informou que o menino jamais voltaria a fazer as aulas de educação física. Três dias depois, Victor foi pedir desculpas para a professora Clélia e contou que a mãe "exigiu" que ele contasse a verdade sobre o que realmente tinha acontecido na aula, a mãe do aluno não retornou à escola para pedir desculpas. Para muita gente é difícil acreditar, mas as crianças mentem sim, e desde bem cedo, a mentira torna-se um hábito, como se tratasse de um jogo (agradável e divertido para a criança) e, embora não existam intenções malévolas, pode gerar num mau hábito, até porque pode parecer «a solução mais fácil» para não ter de dar contas a ninguém. Esta situação, quando se prolonga, causa bastante sofrimento na família e convém ser veiculada a um médico, para eventual orientação para apoio psicológico.

Os alunos do fundamental I (06 a 09 anos) participavam das apresentações de festa junina e festa de encerramento do ano letivo. Como a dança envolve a matéria de educação física, as coreografias e ensaios, ficaram na responsabilidade da Clélia, porém os professores deixavam os alunos nos ensaios e iam fazer outras coisas, deixando Clélia fazer ensaios sozinha com mais de 60 alunos. Ela não tinha o auxílio das professoras, com exceção de 03 professoras que acompanhavam os ensaios e colocavam ordem cada uma em sua turma, Clélia criava a coreografia e ensaiava mais de 10 turmas em dois períodos (período da manhã e período da tarde). Logo, nesses períodos de festa junina e festa de encerramento, a rotina era uma loucura, havia um grande esgotamento físico por ter que colocar ordem nas turma e fazer com que todos pudessem ouvir as instruções além de ficar dançando das 08h00 às 18h00. Nao podemos desprezar o esgotamento mental por ter que lembrar cada coreografia e a preocupacao com o resultado final. Depois das festas e apresentações, os créditos e os parabéns eram somente para as professoras de classe, ou seja, ela se esgotava, dava o que tinha de melhor mas não tinha o reconhecimento pelo esforço prestado.

Clelia se aposentou em 2016 (*De acordo com o artigo 19, §1º, inciso II, da PEC 06/2019 (...) II – ao professor que comprove 25 anos de contribuição exclusivamente em efetivo exercício das funções de magistério na educação infantil, ensino fundamental e médio e tenha 57 anos de idade, se mulher, e 60 anos de idade, se homem),* apesar de estar aposentada Clélia ainda tem contato com ex-alunos e com alguns professores com qual ela dividiu momentos bons e ruins.

Em um dia comum após aposentadoria (risos) ela recebeu uma mensagem no Whatsapp de uma colega inspetora da escola que ela trabalhou informando que havia uma ex-aluna difamado um professor amigo. Preocupada com a notícia, Clelia e a filha foram verificar o que realmente havia acontecido. O referido professor porém não era muito antenado as redes sociais e, com receio da *fake news* ganhar proporção e o pior acontecer, por consideração a ele, Clélia e a filha decidiram ligar e contar pra ele o que elas descobriram na rede social. Apreensivas elas contaram para ele e encaminharam as imagens das difamações, o professor lembrou que quando trabalhou com aquela aluna, ela era muito problemática, não participava das aula de forma alguma, a mãe apoiava todas as ações da menina. O professor entrou com uma ação na justiça por calúnia e difamação, a aluna e a mãe se uniram e não desistiram de acusar o professor de pedófilo, tudo isso por não gostar do professor. O que podemos perceber é que, quando se quer acabar com a vida profissional de um professor, pessoas se utilizam de inverdades e meios excusos para denegrir a imagem do profissional, utilizando-se principalmente da tecnologia hoje oferecida. Ser professor nos dias atuais virou uma profissão de amor e coragem, isso devido às inúmeras dificuldades que um docente passa ao longo de sua carreira profissional. Clélia enfrentou a superlotação em suas salas de aula, pais ausentes, falta de autonomia, violência, baixo salário e tantos outros problemas que o nosso sistema de ensino enfrenta.

A identidade dos alunos foram preservadas neste capítulo e os nomes usados são fictícios.

Ser professor é...

Autor desconhecido

Ser professor é professar a fé
e a certeza de que tudo terá valido a pena
se o aluno se sentir feliz pelo que aprendeu
com você e pelo que ele lhe ensinou...

Ser professor é consumir horas e horas
pensando em cada detalhe daquela aula,
que mesmo ocorrendo todos os dias,
é sempre única e original...
Ser professor é entrar cansado numa
sala de aula e, diante da reação da turma,
transformar o cansaço numa aventura
maravilhosa de ensinar e aprender...

Ser professor é importar-se com o outro
numa dimensão de quem cultiva
uma planta muito rara que necessita
de atenção, amor e cuidado.
Ser professor é ter a capacidade de
sair de cena, sem sair do espetáculo.
Ser professor é apontar caminhos,
mas deixar que o aluno caminhe
com seus próprios pés...

"Os alunos dos dias atuais vêem o professor como qualquer um, não se tem mais respeito, às vezes estamos dando um recado sério e eles zombam e riem do nosso modo de agir e falar. O professor hoje se tornou uma profissão banalizada, e os alunos se tornam cada vez mais ríspidos e autoritários."
Professora Clélia

CAPÍTULO 10
CORAÇÃO AZUL

"Todas as vossas coisas sejam feitas com amor". 1 Coríntios 16:14

Em 2001 aos 15 anos Aretha veio morar em Orlando-FL, para auxiliar o pai que estava com câncer, por esse motivo ela teve que continuar os estudos aqui em Orlando. Ela vivia com a mãe no Brasil, e foi um grande desafio vir morar com pai e a esposa. Imagina uma menina que nunca havia saído de perto da mãe, sair de casa para morar em outro país, foram muitas mudanças e adaptação nesse novo cenário.

Aretha não sabia falar nem "Hi nem bye" em inglês e quando foi matriculada na escola, foi incluída no ESOL que é um programa de ensino de inglês para falantes de outros idiomas. O programa ESOL nas Escolas Públicas do Condado de Orange é projetado especificamente para melhorar a linguagem e proficiência de estudantes cuja língua nativa não é o inglês. Os alunos têm acesso ao nível de escolaridade, currículo e todos os serviços escolares. Os professores são qualificados para trabalhar com os alunos de diversas nacionalidades. Durante a vida escolar nos EUA, as crianças e adolescentes passam por 4 fases escolares antes de ingressarem na faculdade (College). São elas:

1ª fase: Preschool: 3 a 5 anos de idade

2ª fase: Elementary School: 6 a 10 anos de idade

3ª fase: Middle School: de 11 a 14 anos

4ª fase: High School: 15 a 18 anos

Aretha já estava na fase da High school, fase que exige muito do aluno e ela não teve outra escolha mas se dedicar muito. Precisava terminar o Ensino médio e ela sabia que, diferentemente do Brasil, as escolas públicas em Orlando são de excelente qualidade. O desafio era grande, era o seu primeiro ano no Ensino médio e ainda tinha 4 longos anos pela frente. Desistir não fazia parte de seus planos, precisava ser confiante, se adaptar a uma nova cultura e começar a trabalhar cedo para ajudar sua família e ter suas próprias coisas.

Aretha era bem pequena quando os pais se separaram, ela continuou morando com a mãe. Agora com sua vinda para Orlando, ela precisou aprender a conviver com o pai, aprender a ser filha e enteada, companheira e enfermeira. O primeiro ano dessa mudança foi muito dolorido, as mudanças e desapegos foram fundamentais para ela aprender a confiar em Deus e ter Ele como seu melhor amigo.

Com o passar do tempo ela foi conhecendo a comunidade brasileira de Orlando e se encantando com a cidade. Ela foi percebendo o porquê dos brasileiros gostarem de Orlando, apesar de não ser um grande centro urbano, possuía todas as facilidades encontradas em uma cidade populosa. Os moradores usufruem de qualidade de vida e os serviços efetivamente funcionam para a população. Além da privilegiada localização, a oito horas de voo do Brasil, Orlando é um exemplo de civilidade. Os hospitais e outros serviços de saúde são encontrados facilmente pela cidade. Uma ambulância dificilmente demora mais de 4 minutos para chegar ao local de chamada. As escolas possuem professores gabaritados e a educação supera a média dos EUA.

As ruas são muito bem pavimentadas. É difícil encontrar buracos. E se caso um carro foi danificado por um eventual defeito na via, cabe à prefeitura ressarcir o prejuízo do motorista. Estacionar pelas ruas da cidade também é muito simples. E muitos serviços podem ser realizados dentro do próprio automóvel, como passar no banco, farmácia e etc. O custo de vida é muito menor comparado aos de Miami, Nova York ou Los Angeles.

Diversão, então, nem se fala. Além de ser a cidade com mais parques temáticos do mundo, Orlando está localizado apenas a uma hora e meia das praias do Atlântico, e a pouco mais de duas horas da costa do Golfo do México. Dentro da própria cidade é possível se divertir com a grande variedade de atrações, que inclui estádio para eventos esportivos e shows, museus, cinemas, etc.

Para quem gosta de comer bem, Orlando oferece uma infinidade de restaurantes que atendem todos os gostos e bolsos. O clima é bastante agradável, e se compara com a média de temperaturas encontradas no Brasil. Durante o inverno os brasileiros que moram na cidade não sofrem com as baixas temperaturas. No verão, o calor possibilita visitas frequentes aos parques aquáticos da região.

Aretha começou a se sentir em casa, conheceu a igreja Nova Esperança e começou a frequentar e se envolver com o ministério de jovens. Isso foi essencial para que ela permanecesse em Orlando, pois encontrou sua "nova família em Orlando" onde fez muitos amigos, ajudou e foi ajudada, serviu e foi servida.

Foi na Igreja Nova Esperança, aos seus 19 anos, que Aretha conheceu Ítalo, seu futuro marido. Ela sabia que construir um relacionamento valorizando os ensinamentos e propósitos do Senhor era fundamental para encontrar a felicidade, ternura, respeito, companheirismo e amor. Não tinha dúvidas que era Deus quem iria atender o desejo de seu coração.

Começaram a namorar em 2005 e juntos foram planejando suas vidas. Eram tantos sonhos, queriam casar, ter filhos, trabalhar, viajar e continuar servindo na igreja. Ela achou que seria fácil, assim como um conto de fadas, que tudo iria se encaixar perfeitamente, mas as coisas não foram fáceis. Lutaram muito para alcançar seus objetivos. Então o Senhor Deus declarou: "Não é bom que o homem esteja só; farei para ele alguém que o auxilie e lhe corresponda". Gênesis 2:18.

Logo que completaram um ano de namoro Italo sofreu um acidente e quebrou o pé, precisou fazer uma cirurgia bem delicada no tornozelo e na perna, precisou ficar 6 meses de repouso e não podia trabalhar. Ele ficou na casa da Suzana uma amiga da familia, pois precisava de cuidados. Aretha mais uma vez precisou buscar força e amadurecer para ajudá-lo, tiveram que adiar os planos de casamento, pois toda a reserva que Ítalo tinha, foi gasto na cirurgia, e o tempo parado sem trabalho dificultou tudo. Era necessário recomeçar do zero e Aretha precisava ajudá- lo a voltar ao campo de trabalho.

No final do ano de 2006, eles começaram a trabalhar juntos. Ítalo tinha experiência na area da construção e Aretha já dominava bem o inglês, resolveram abrir sua própria empresa. Foram ousados em busca do sonho e do trabalho, Aretha fazia o contato com os clientes e Italo fazia a instalação do trabalho solicitado.

Deus é tão perfeito que colocou em seu caminho pessoas maravilhosas que acreditaram no potencial deles e lhes deram oportunidade de trabalho. Essas oportunidades se estenderam até os dias de hoje com conhecimento, habilidades, parceria, e possibilidades de desenvolvimento. Uma parceria alinhada e potencializadora!

No ano de 2007, já um pouco mais estabilizados, conseguiram retomar os preparativos para o tão sonhado casamento e Deus, em sua infinita bondade e provisão, cuidou de tudo. Em Novembro de 2007 se casaram, como havíam sonhado, com a casa mobiliada e com a lua de mel dos seus sonhos. *"O amor é paciente, o amor é bondoso. Não inveja, não se vangloria, não se orgulha. Não maltrata, não procura seus interesses, não se ira facilmente, não guarda rancor. O amor não se alegra com a injustiça, mas se alegra com a verdade. Tudo sofre, tudo crê, tudo espera, tudo suporta."* Coríntios 13:4-8.

Parecia que as coisas estavam se encaixando e iriam ficar mais fáceis. Continuaram trabalhando juntos na empresa, porém o país estava passando por uma recessão e, mais uma vez, precisaram se reinventar. Com pouco trabalho na área de construção, mais uma vez precisaram unir as forças e buscar solução. Deus foi dando estratégias e assim eles foram trabalhando. Conheceram outras pessoas que foram oferecendo trabalho para eles, ajudando-os a superar a crise.

Com o passar dos anos de casados, sonhavam em ter filhos. Aretha e Italo conversavam sobre quantos filhos queriam ter e sobre a escolha dos nomes. Esse plano demorou mais do que imaginavam. Aretha esperou 3 anos para engravidar do primeiro filho, foram tantas incertezas, momentos de desânimo, desespero e dúvidas. Porém todas as coisas cooperam para o bem daqueles que amam a Deus. E Deus em sua infinita sabedoria sabia o tempo certo. Ficaram mais maduros e mais estabilizados, e Deus permitiu a chegada do primeiro filho. *"Os filhos são herança do Senhor, uma recompensa que ele dá. Como flechas nas mãos do guerreiro são os filhos nascidos na juventude. Como é feliz o homem que tem a sua aljava cheia deles! Não será humilhado quando enfrentar seus inimigos no tribunal."* Salmos 127:3-5.

Aretha sabia que ser mãe era uma dádiva de Deus. A maternidade iria lhe trazer a responsabilidade de criar, ensinar, instruir e proteger seus filhotinhos. Não seria uma tarefa nada fácil. Caleb, o primogênito, nasceu em Outubro de 2011, criança desejada, um sonho realizado! Deus cuidou de todos os detalhes, a mãe de Aretha pode vir para o nascimento, acompanhou o parto, auxiliou os primeiros meses e cuidou da filha, do genro e do neto. Que privilégio!

Caleb, um menino sorridente, branquinho e de olhinhos pequenos como os da mamãe, era a alegria do lar. Calebinho como era chamado carinhosamente pelos pais, foi crescendo, era uma criança tranquila e isso motivou os pais a ter o segundo filho, já que os planos eram de ter 4 filhos. Bom, ela demorou para engravidar do primeiro filho, logo pensou que demoraria a engravidar do segundo. Doce ilusão!

Caleb tinha 9 meses de idade quando Aretha engravidou do segundo filho, tinham um bebêzinho em casa e já estavam a espera do segundo filho. Daniel nasceu em abril de 2013, apenas um ano e meio depois de Caleb e veio completar a família. Por terem o segundo filho tão próximo do primeiro, mudaram os planos de ter quatro filhos, ter as duas crianças pequenas em casa ao mesmo tempo era muito trabalhoso e resolveram parar no segundo.

Eles precisavam cuidar das crianças e da empresa, essas duas tarefas simultâneas não eram fáceis e exigia muita habilidade. Conciliar a profissão com as responsabilidades dos filhos foi um grande desafio, principalmente para Aretha. Ambos papéis exigiam dedicação constante. Foi necessário equilíbrar a vida empresarial e a maternidade e encontrar alternativas para atender as demandas nas duas áreas exigiu empenho. As responsabilidades eram muito grandes, mas Aretha se sentia feliz e completa. Aretha e Italo procuravam ser bons pais e bons empresários, seguiam os preceitos de Deus. Deste modo, com exemplo e dedicação, foi possível cumprir bem as duas responsabilidades. *(E, tudo quanto fizerdes, fazei-o de todo o coração, como ao Senhor e não aos homens, sabendo que recebereis do Senhor o galardão da herança, porque a Cristo, o Senhor, servis).* Colossenses 3.23-24.

A maternidade foi a prioridade de Aretha, era seu grande sonho ser mãe, ela nunca imaginou uma vida que não acolhesse seus filhos, então focou toda sua energia e tempo integral para as crianças que dependiam dela em tudo. No início da vida dos filhos, principalmente nos primeiros anos, eles passam por muitas provações e dificuldades, clamam por saúde ou por melhora de alguma enfermidade. Haja resistência física para aguentar as noites mal dormidas! Com certeza Aretha estava consciente da responsabilidade de como educar seus filhos. O importante desafio da participação deles na primeira infância do Caleb e Daniel era a base para a vida, principalmente, por meio dos exemplos eles planejavam dar aos filhos. Caleb teve um pouco de atraso na fala, e foi necessário que ele frequentasse a escola, onde teve auxílio da fonoaudióloga. Aos três anos ele estava superando sua dificuldade na fala.

Quando uma criança não fala ou a fala é pouco desenvolvida, é importante investigar e analisar muitos aspectos. É importante analisar o desenvolvimento global, a capacidade de aprender, de imitar, de brincar, de interagir, de se socializar. Cada criança é única, e a avaliação deve levantar as dificuldades e facilidades, para que a terapia seja adequadamente planejada. Muitas vezes, a criança precisa de um tempo (terapia diagnóstica) para ser analisada com cuidado e precisão. Para falar, é preciso do funcionamento adequado de várias áreas e é por isso, que às vezes, os pais são orientados a passar por vários especialistas. Também não dá para nomear tudo como "atraso na fala". Investigar e intervir especificamente é essencial para que a criança tenha ganhos. É importante procurar por um Fonoaudiólogo que tenha experiência com crianças pequenas e que entenda de intervenção precoce.

Como foi importante Aretha procurar ajuda, Caleb, estava indo bem na escola, se desenvolvendo como o esperado, agora ela podia focar no filho mais novo que precisava de muita atenção. Com dois aninhos Daniel começou apresentar sinais de atraso no desenvolvimento e na fala, então decidiram colocá-lo na mesma escola do Caleb, foi relevante a ajuda que o Caleb recebeu, ela acreditou que seria igual com o Daniel.

Ao contrário do esperado, a adaptação de Daniel na escola não foi tranquila, ele não gostava de brincar com os amiguinhos e a comunicação era precária. Aretha começou a ficar preocupada, ela entendia que Daniel, sendo o irmão mais novo, iria se espelhar no irmão mais velho. Daniel não se interessava em brincar com o irmão e também não atendia pelo nome quando era chamado. Ele já estava sendo acompanhado pela fonoaudiologia mas ainda não falava. Mesmo conversando com o pediatra e algumas mamães as preocupações não cessavam. Apesar de ouvir que era normal e que cada criança tem o seu tempo, o coração da Aretha não se acalmou até encontrar uma solução.

Então decidiram procurar um especialista em desenvolvimento infantil que os ajudassem a encontrar respostas naquela situação. Foram seis longos meses de consultas, exames, testes, acompanhamentos e terapias até o dia que o médico diagnosticou Daniel com Autismo. E não foi fácil entender que ele estava dentro do Espectro Autista. Foi uma longa conversa com o médico que tratou de explicar que o Transtorno do Espectro Autista (TEA) refere-se a uma série de condições caracterizadas por desafios com habilidades sociais, comportamentos repetitivos, fala e comunicação não-verbal, bem como por forças e diferenças únicas.

Os sinais mais óbvios do Transtorno do Espectro Autista tendem a aparecer entre 2 e 3 anos de idade. Em alguns casos, ele pode ser diagnosticado por volta dos 18 meses.

Não existe um tipo de autismo, mas muitos tipos, causados por diferentes combinações de influências genéticas e ambientais. O termo "espectro" reflete a ampla variação nos desafios e pontos fortes possuídos por cada pessoa com autismo. O autismo é apenas um dos transtornos que integram o quadro de Transtorno do Espectro Autista (TEA). O TEA foi definido pela última edição do DSM-V como uma série de quadros (que podem variar quanto à intensidade dos sintomas e prejuízo gerado na rotina do indivíduo). É Importante ressaltar que se tratam de transtornos do neurodesenvolvimento, caracterizados por alterações em dois domínios principais: Comunicação e interação social, padrões restritos e repetitivos de comportamento.

Institutos de controle e prevenção de doenças americanos, como o CDC, estimam a prevalência do Transtorno do Espectro Autista como 1 em 68 crianças nos Estados Unidos. Isso inclui 1 em 42 meninos e 1 em 189 meninas. Esse mesmo instituto afirma que hoje existe 1 caso de autismo para cada 110 pessoas. Extrapolando esses números, estima-se que o Brasil tenha hoje cerca de 2 milhões de autistas. Aproximadamente 407 mil pessoas somente no estado de São Paulo.

Naquele momento o chão caiu, parece que Daniel foi arrancado deles e uma outra criança foi entregue para eles cuidarem, tudo o que eles haviam sonhado e planejado para o filho foi cancelado com aquelas informações, agora era preciso aprender tudo sobre o Autismo e como criar e cuidar de uma criança com dificuldades de comunicação, de linguagem e de socialização.

Que dia difícil! Aretha jamais irá esquecer o dia 29 de Novembro de 2016, dia em que ela recebeu o diagnóstico Daniel. O chão se abriu, e os questionamentos tomaram conta de sua mente: "- e agora como vou ajudar meu filho? Como vai ser quando ele crescer? Será que ele vai falar algum dia? Ele será independente? Será que vai parar de usar fraldas? O que eu fiz de errado na gravidez para causar isso no meu filho? O que será que causou isso?"

Quantas perguntas vieram à sua mente naquele dia, ela tinha medo de não conseguir, medo de ser julgada, medo de não ser aceita, medo de descriminação, medo do futuro, medo, medo e mais medo. Enquanto ela vivia uma espécie de luto, passando pela negação e aceitação, começou a pesquisar sobre o assunto, era muito difícil falar que tinha um filho com autismo.

Porém Deus trabalha de uma forma muito especial, logo que Aretha recebeu o diagnóstico do Daniel, ela conheceu um grupo de 4 mamães brasileiras que também tinham filhos Autistas. Ela se sentiu amparada e tinha certeza que havia encontrado sua tribo. Foi isso mesmo que aconteceu, esse grupo a ajudou, acolheu e orientou nos momentos difíceis.

Aretha precisou levantar a cabeça, arregaçar as mangas e buscar ajuda, precisou entender os comportamentos, as limitações e também as qualidades do Daniel. Foram dias muito doloridos e continuam sendo. Eles têm dias maravilhosos e têm dias desafiadores. Mas Aretha entende que tudo tem um propósito estabelecido por Deus, ela tinha certeza que Ele iria capacitá-los e usá-los para abençoar outras famílias, isso estava ficando claro para eles. Sua vida não é de modo algum como Ela e Ítalo haviam sonhado e planejado, as peças do quebra cabeça ainda estão se encaixando, dias bem diferentes de tudo que ela havia planejado, mas são esses dias difíceis e desafiadores que os levam pra mais perto de Deus e os mostra que são totalmente dependente d'Ele.

Daniel hoje tem 8 anos de idade, muita coisa evoluiu e muita coisa ainda vai evoluir, Aretha não desistiu de crer que tudo que Deus faz é perfeito e Daniel é perfeito da forma que Deus quis que ele fosse, com um propósito que Deus designou para a vidinha dele.

Através da vida com o filho Aretha conheceu pessoas incríveis, com histórias e experiências incríveis. Ela também conheceu a dor e a solidão de uma mãe de criança com necessidades especiais, ela sentiu a dor da discriminação e da indiferenca. Aretha e sua família tiveram a oportunidade de serem acolhidos e amados por pessoas maravilhosas, receberam apoio de amigos e familiares, ela também pode ajudar várias mamães que estavam na mesma luta.

Aretha acredita que Daniel é um instrumento de Deus para alcançar pessoas que ela jamais alcançaria se não tivesse ele em sua vida. Daniel é um milagre vivo de superação e desenvolvimento, todos os dias vê como Deus é bom e cuida dos mínimos detalhes. Hoje Daniel consegue se comunicar e socializar, ele ama ir à igreja, ama cantar. Ela acredita que é uma grande vitória, pois ela sabe que grandes coisas ainda irão acontecer.

CAPÍTULO 11
MÃE DE ORAÇÃO

Os filhos são um presente do SENHOR; eles são uma verdadeira bênção.
Salmos 127:3

Eu não poderia iniciar esse capítulo sem falar do movimento Desperta Débora. Esse movimento nasceu no coração de Deus, que tocou o Pastor Jeremias Pereira da Silva em maio de 1995 durante a sua participaçao na Consulta Global sobre Evangelização Mundial – GCOWE em Seul, Coréia.

É fascinante dizer que algo incrível aconteceu naquele encontro, 100.000 jovens foram consagrados para a obra missionária. Durante aquela consagração foi feita uma menção de gratidão às mães que oraram para que esse movimento se tornasse realidade. Nascia no coração do pastor Jeremias e do pastor Marcelo Gualberto que também estava na Coréia, o sonho de ver algo semelhante acontecer no Brasil.

Assim, esses dois pastores lançaram um desafio para que as mães brasileiras começassem a orar intensamente por um despertamento missionário no Brasil. A esposa do Pastor Jeremias, Ana Maria Pereira (In Memoriam), foi convidada a se unir a eles e assim os três iniciaram o movimento de oração, pois não há despertamento missionário sem oração e ninguém ora pelos filhos como as mães oram.

O nome Desperta Débora veio da leitura do livro de Juízes 5: 7-12. Débora foi uma juíza que se levantou como mãe para defender Israel (sua nação). Neste texto ela desafia a si mesma dizendo: "Desperta Débora, desperta, acorda!"

"DESPERTA DÉBORA" é um movimento de oração, cujo alvo é despertar milhares de mães intercessoras, biológicas, adotivas, ou espirituais, de qualquer denominação, comprometidas em orar 15 minutos por dia, para que Deus opere um despertamento espiritual sem precedentes na história da juventude.

São 15 minutos diários de oração que farão a diferença para a eternidade. Ninguém ora por um filho ou filha como fazem os pais e nunca foi tao urgente orar por nossos filhos, principalmente quando nos conscientizamos das pressões das drogas, da imoralidade, do consumismo, incredulidade e tantas outras situações nesse "novo normal" aos quais milhares de jovens estão expostos hoje.

Eu também faço parte desse movimento, e é delicioso orar pelos meus filhos e todos aqueles que adoto em oração. Há alguns anos eu conheci muitas mulheres de oração que tinham esse movimento como inspiração. Eu posso dizer que não é diferente com a irmã Cida, uma mulher temente a Deus e bem comprometida com a oração. Assim como Cida, eu também acho admirável a historia bíblica da mãe de Moisés, aquele que foi colocado num cestinho no Rio Nilo. Pois bem, quando Moisés nasceu, era um lindo bebê, e Joquebede, sua mãe o escondeu por três meses pois o faraó havia ordenado que todos os meninos nascidos naquela época fossem mortos. Contudo, quando não pôde mais escondê-lo, tomou um cesto tomando os devidos cuidados e precauções, colocou o menino dentro e soltou o cesto entre os juncos, à beira do Rio Nilo.

Sabemos que posteriormente a filha do Faraó encontrou o cesto. A irmã do bebê Moisés observou tudo de longe, desde que a mãe o deixou no rio até o resgate pela princesa do Egito. Quando ela percebeu o que estava acontecendo, aproximou-se e perguntou à filha de Faraó se ela gostaria que ela chamasse uma mulher dos hebreus para cuidar do bebê. Portanto, a irmã do bebê Moisés foi chamar a própria mãe para cuidar até que ele fosse entregue já grande a filha de Faraó que o adotou – Êxodo 2.1-10.

Tudo isso aconteceu porque havia uma ordem dominante na época de que todos os meninos hebreus que nascessem deveriam ser jogados no rio para que assim o povo hebreu não crescesse e nem se fortalecesse:

"Certo dia, entretanto, ordenou o Faraó a todo o seu povo: A todos os meninos que nascerem dos hebreus, lançareis no Nilo, mas a todas as meninas deixareis viver" – Êxodo 1.22.

Essa atitude garantiu a Joquebede e seu marido destaque na relação dos heróis da fé registrada pelo autor da carta aos Hebreus no Novo Testamento: *"Mediante a Fé, Moisés, ainda recém-nascido, foi escondido durante três meses por seus pais, porque perceberam que sua formosura não era comum, e não temeram o decreto do rei"* – Hebreus 11.23.

Joquebede não temeu as ordens do governo, mas movida de amor e confiante em Deus, inspirada pelo Eterno, na certeza que o amor era maior do que o medo e a confiança maior que a covardia tomou uma atitude de cuidado para poupar a vida do menino e foi honrada pela coragem e determinação.

Certamente Deus inspirou Joquebede a tomar essa atitude e o futuro dessa história nós conhecemos. Ela obedeceu. Vale a pena considerar a Sua Palavra e segui-la em obediência

Acima de tudo, seja movido pelo amor e confie em Deus porque Ele tem propósitos eternos e o controle de todas as coisas, portanto faça o que Ele colocar em seu coração, baseado na Sua Palavra, a principal revelação.

E por falar em obediência, Deus nunca disse para a Cida que a jornada seria fácil, mas afirma em sua palavra que a chegada valeria à pena. Pensem numa pessoa que tem prazer em falar sobre as promessas do nosso Pai Celeste; para ela falar do amor de Deus é tributar honra e glória ao Criador pelo que Ele é, não somente pelo o que Ele faz. O amor de Deus nos constrange porque para Ele não há impossível, Ele não tem limites. Se não fosse esse amor e o exercício da fé em Deus, ela não teria suportado as lutas que passou.

Cida acredita no poder da cura, acredita no agir do Pai, na capacitação dos médicos, mas sempre lembra-se que a vontade de Deus é "boa, perfeita e agradável".

Em abril de 2012 ela viveu uma grande experiência com a filha Isabel, uma verdadeira história de amor e fé.

Cida tem duas filhas, uma família de cariocas crentes no Senhor Jesus Cristo. Cida e a filha Isabel saíram do Rio de Janeiro para residir nos Estados Unidos em agosto de 2006, a filha mais velha permaneceu no Brasil, pois já era casada.

Isabel tinha 16 anos e veio para estudar, quando chegaram em Orlando foram morar com um sobrinho da Cida, mas logo conseguiram seu próprio lugar para morar. Isabel precisava seguir os estudos, pois teria uma longa jornada estudantil pela frente. Antes do Ensino Superior, os estudantes americanos frequentam a escola primária e secundária por um total de 12 anos. As crianças começam a frequentar a Escola Primária ("Elementary School") em torno dos 6 anos. Após 5 ou 6 anos de estudos passam pra Escola Secundária, que consiste em dois programas. O primeiro é o "Middle School" e em seguida a High School. Seriam os ensinos Fundamental e Médio no Brasil. Após a conclusão do "High School" o estudante recebe um diploma ou certificado. A próxima fase depois da finalização desses 12 anos é o Ensino Superior, ou "Higher Education". O calendário escolar geralmente começa em agosto ou setembro e continua até maio ou junho.

A educação aqui nos USA é prioridade nas políticas públicas e o governo garante educação gratuita de qualidade da pré-escola ao ensino médio, as crianças e adolescentes são obrigados a frequentarem a escola até a idade de 16 anos. As melhores universidades do mundo também estão aqui, no ranking publicado em 2016 as três universidades avaliadas foram *Massachusetts Institute of Technology (MIT)/Cambridge, MA, Stanford University (California) e Harvard University (Cambridge, MA).* Os filmes e seriados americanos podem até nos passar uma boa ideia de como são as escolas por aqui, mas nem tudo é como vemos na telinha, as escolas funcionam em período integral, no período das 8 às 16 horas, sem existir a opção de estudar no turno da noite. Durante esse período, os alunos assistem seis ou sete aulas, já que cada horário dura cerca de 50 minutos. Realmente esse é um fato que ainda é difícil de imaginarmos no Brasil e Isabel precisava se adaptar com esse novo cenário. Cada professor possui uma sala de aula fixa e, portanto, são os alunos que se dirigem até os professores, ao contrário do Brasil. Essa constante troca de salas de aula pelos alunos causa uma intensa movimentação nos corredores onde ficam os armários pessoais. Cada aluno guarda seu material nestes armários que são trancados com cadeados. Desde o ataque de Columbine, no ano de 1999, várias escolas instalaram sistemas detectores de metal para evitar que atiradores escondessem armas nos armários.

No horário de almoço os alunos pagam cerca de dois dólares pela refeição. Quem não pode pagar o valor recebe um auxílio-alimentação. Os meses de junho e julho são férias de verão. Os alunos ainda têm ferias no período entre os feriados de Natal e ano novo.

Muitos desafios e tudo na medida do possível foi se ajustando, mas viver na América não é fácil. O país hoje não é o mesmo de antes, as coisas mudaram. E se está difícil para o americano, imagine para o imigrante. A chance de chegar aos Estados Unidos e ficar rico é muito pequena. É um país que oferece condições melhores que no Brasil, mas os benefícios não estão acessíveis a todos.

Em abril de 2012, Isabel ficou doente, foram dezessete dias de um sangramento sem explicação. No dia quatorze de abril, foi necessário levá-la para o hospital. Cida não sabia mais o que fazer, ela só tinha a certeza de que Deus faria algo em favor da sua filha. Em meio a aflição ela lembrava sempre de que Ele é Soberano sobre tudo e sobre todas as coisas. Isabel já não tinha mais cor nem forças para caminhar, sua vida estava nas mãos de Deus, pois, segundo os médicos que a socorreram no hospital, tinha somente 4 litros de sangue no corpo (temos cerca de 5 litros de sangue em nosso corpo e a perda de 30% deste volume de sangue é considera grave). Precisavam salvar a vida da Isabel e, após alguns exames, receberam o diagnóstico que a Isabel tinha leucemia em estágio avançado.

Naquele momento, Cida sentiu a sensação de perda e precisou ser forte. Não se conformou e não desanimou, tinha certeza de que Deus estava com elas. Coração de mãe não se engana e ela sabia que Deus estava capacitando aqueles médicos que lutavam para salvar a vida da sua filha.

Ser mãe é uma das missões que mais exigem da mulher em todos os aspectos, física e emocionalmente. Desde do nascimento das filhas, Cida sonhou e planejou a vida com as filhas. Contudo, para algumas mulheres, esse caminho é mais árduo, com medos e desafios maiores. Mas com recompensas e conquistas *(Os filhos são um presente do SENHOR; eles são uma verdadeira bênção - Salmos 127.3)*.

A luta da Cida pela saúde e recuperação da Isabel significou permanecer semanas buscando respostas para suas dúvidas, momentos difíceis e delicados. Foram os momentos em que achava que não tinha mais nada a fazer que a fez olhar para o alto. Olhou para Cristo que é o autor e consumador da fé que exerce, ela pediu socorro na certeza de que a palavra do Pai se cumpriria em sua vida, pois a Bíblia a palavra de Deus diz *"Não temas, porque eu sou contigo; não te assombres, porque eu sou o teu Deus; eu te esforço e te ajudo e te sustento com a destra da minha justiça."* Isaías 41:10.

Cida sabia que por mais difícil que fosse a situação e suas limitações, ela não podia desanimar! Ela sabia que para Deus não há nada impossível, muito menos algo difícil de realizar.

Na manhã do dia seguinte, o diagnóstico da Isabel já não era a fatídica leucemia. Você consegue imaginar uma mãe completamente angustiada, devastada, diante de um computador? Inundada de lágrimas? Passando horas pesquisando sobre a doença do filho? E da noite para o dia o diagnóstico é outro. Recebeu a notícia de que o diagnóstico da Isabel era um tipo de lúpus que, segundo os médicos, é uma enfermidade tratável e curável, (aliviada ela teve um renovo em sua vida). Com certeza ela via Deus agindo em seu favor e de sua filha através daqueles médicos e finalmente a guerra entre a vida e a morte havia cessado e tudo estava sob o controle do Deus Criador.

No dia a dia dessa guerra a favor da saúde, gerada pelo mais puro e incondicional amor materno, as vezes é normal se sentir invisível. É como se ninguém notasse seu sofrimento e a solidão passa a ser a companheira inseparável. Mesmo assim Cida conseguiu seguir em frente, fazendo o impossível para dar a sua filha o melhor cuidado possível. Ela começou a buscar em Deus o tratamento para a cura através da natureza porque acreditava na cura Divina. Claro que ela não descartou o tratamento da medicina, mas a certeza da cura estava em Deus.

Isabel foi liberada para sair do hospital no primeiro domingo do mês de maio de 2012, era o dia de Celebração da Santa Ceia do Senhor na igreja que ela congregava e seria também o Culto de Gratidão a Deus. Com certeza o coração da Cida estava alegre pela dádiva da vida, pelo renovo, vitórias e conquistas concedidas pelo Deus Altíssimo e a noite elas foram glorificar, exaltar e adorar o Deus altíssimo.

Ao chegar na igreja elas foram recebidas com alegria, afinal a vitória era de todos que lutaram com elas. Foi um momento precioso para elas que jamais se apagará de suas memórias, porque ali se concentrava um grande exército de oração. Foram formados grupos de intercessores em vários lugares para pedir reforço ao Deus Altíssimo em favor da vida da Isabel. Elas tiveram ajuda de todos, foram fortalecidas através das orações e aquele grupo teve o cuidado para que nada faltasse para elas naquela jornada tão difícil. *"Em todo tempo ama o amigo; e na angústia nasce o irmão."* Prov. 17:17.

A expectativa foi intensa mas é importante reafirmar que o tempo que essa mãe dispôs, a dificuldade que ela enfrentou e a dor que ela sentiu, valeram mais que todo o ouro do mundo. Ninguém preparou Cida para passar por tudo isso, mas, mesmo assim, ela foi magnífica. O que ela fez foi importante e, com certeza, valeu a pena.

Cida continuou com sua luta do dia a dia, sempre rompendo em fé e recebendo de Deus o renovo diário. Ela voltou a trabalhar com serviço de limpeza. Isabel foi se recuperando e conseguiu um trabalho em uma empresa de seguros, uma grande oportunidade. Foi providência Divina, pois as contas altas do hospital chegaram e foi necessário negociar a forma de pagamento. Cida e Isabel permanecem confiantes no Senhor. Cada conta que chegava pelo correio era apresentada ao Senhor, ao Deus da Provisão, pois acreditam que Ele é o dono do ouro e da prata. Elas sempre tiveram a convicção na provisão iria chegar.

O sistema de saúde nos EUA não é muito fácil de entender, não contempla toda a população e os cidadãos ficam sem opção a não ser ter um convênio particular que garanta seus cuidados médicos. Ao contrário de todos os outros países desenvolvidos, os Estados Unidos é o único país do mundo ocidental que não tem um sistema de saúde pública universal e estima-se que cerca de 125 cidadãos norte-americanos morrem todos os dias por não poderem pagar um plano de saúde. Um procedimento simples, como uma consulta para avaliação e pedidos de exames não sai por menos de $400 (R$2,000 mil) nos Estados Unidos. Por aqui não há hospitais de primeira e segunda classes como no Brasil, o paciente rico e o pobre são atendidos no mesmo hospital e têm o mesmo tipo de tratamento. O tratamento médico que o paciente necessita é provido pelo hospital mesmo que o paciente não tenha seguro. Isso inclui a transferência de hospital caso a unidade não esteja apta a oferecer o tipo de atendimento necessário. Depois a conta chega pelo correio. Segundo a Organização Mundial de Saúde, a saúde americana se localiza abaixo do quadragésimo lugar, entre os países do mundo, localização inclusive inferior a vários países pobres. Os custos são elevados, e o pior é que continuam crescendo. Apesar de toda a despesa, cerca de 15% da população, o que equivale a 46 milhões de americanos, não têm direito a assistência médica quando adoecem.

Claro que Cida, sabendo de tudo isso, tinha uma preocupação. Sempre teve uma sua conduta ilibada e como sua filha precisou de atendimento e tratamento, sabia que tinha contas à pagar.

Depois de receber as contas ela foi ao hospital negociar os valores que constavam nas faturas, mas precisava aguardar a fatura que indicaria o valor total da dívida. A ansiedade aumentou, deu um frio na barriga, mas ela imaginou um valor razoável e que bastaria negociar a forma de pagamento que tudo ficaria resolvido.

Mais algumas semanas de espera e a tão esperada carta com o valor total da dívida chegou. Aqui nos Estados Unidos, os mais pobres têm direito ao Medicare e Medicaid *(Medicare e Medicaid são dois programas de assistência de saúde ofertados pelo governo estadual ou federal, criados em 1965, cada um destinado a um público diferente e com premissas diferentes)*, os ricos não costumam se preocupar com o tamanho da conta dos planos de saúde. Por isso, é a classe média quem mais se queixa dos altos custos dos serviços de medicina no país. Em nenhum outro país do mundo, os tratamentos de saúde são tão caros quanto nos Estados Unidos.

Independente do status ou orçamento, existe uma lei que se aplica a quase todos os hospitais dos Estados Unidos, com exceção de alguns hospitais particulares e militares. Há três obrigações criadas pela lei:

Qualquer pessoa que chegue em uma emergência necessitando de atendimento deve ser examinada para determinar se existe uma condição médica de emergência. A lei protege o paciente, assim, o hospital não pode atrasar o atendimento para verificar métodos de pagamento ou seguro.

Se a condição de emergência for comprovada, o tratamento deve ser oferecido até que a condição seja resolvida/estabilizada.

Os hospitais com mais estrutura e capacidade têm que aceitar transferências de hospitais que não têm a capacidade de tratar condições médicas de emergência instáveis.

Na teoria, qualquer pessoa poderia se sentir confortada ao saber que receberia atendimento, independentemente de qualquer circunstância de orçamento, seguro, status imigratório, gênero ou cor. Na prática, vale lembrar que tal lei não garante atendimento gratuito. O hospital pode cobrar do paciente e inclusive processá-lo por contas não pagas.

Situação delicada e preocupante para Cida que não imaginava o tamanho da dívida e muito menos o tamanho da benção que elas poderiam receber. Foi um susto muito grande, uma dívida de

$107.000,00 dólares. Imagino que ela quase caiu dura para trás, precisou respirar fundo, olhar para o alto mais uma vez e perguntar "de onde virá o socorro? O socorro vem do Senhor que fez o Céu e a Terra e tudo o que nela há..." Salmos 121: 1-2.

Desesperada, Cida não via solução para saldar a dívida, então confiou no agir do Pai. Ela tinha trabalho, mas não era suficiente, então ela fez algo excepcional, descansou no Senhor, colocou nas mãos dEle e ficou em paz. Deus trabalha diferente, às vezes não entendemos o que acontece, mas em algum momento somos capazes de entender.

Passaram-se cinco anos, e a dívida ainda não tinha sido paga nem a décima parte, mas como sempre Cida continuava confiando e sabendo que estava tudo sob controle, tudo tranquilo. Certo um dia, a Isabel acordou sentindo dores nas pernas, depois nos braços como se fosse tendinite. Os dias foram passando e a dor ia se agravando, Cida começou a se preocupar, se fosse necessário levar Isabel para o hospital seria mais uma conta de para pagar (MEU DEUS!). Não teve outro jeito, foi necessário buscar socorro médico. Novamente, Cida enfrenta uma batalha com a filha. Foi uma batalha espiritual, jejum, oração, clamor, a fé precisava ser fortalecida, a esperança era uma chama que não podia se apagar naquele momento, Cida tinha certeza de uma nova vitória nessa batalha.

Mais uma vez Isabel ficou hospitalizada e foram quatro dias de angústia, mas a fé e a convicção de Cida, não a deixava esquecer o texto de Isaías 41.10 "Não temas, porque EU sou contigo..." Eu acredito que naquele momento de angústia, Cida fazia algum tipo de questionamento com Deus, se ela não tinha pago nem a décima parte da conta referente a primeira internação, como iria pagar a conta da segunda internação? Era necessário reunir força, fé e esperança para descansar no Senhor, entregar o impossível para Ele, sentir-se em paz naquela situação e aguardar a benção, acreditando que "Se Deus é por nós, quem será contra nós?".

No quarto dia de internação, Isabel recebeu a visita de uma agente do hospital que trazia a notícia de que ela voltaria para casa naquele dia e apresentou um formulário que daria a ela a possibilidade de aplicar para um plano de pagamento onde possivelmente ela seria beneficiada. Surgia uma luz no fim do túnel, Cida sabia que Deus estava naquele negócio, tudo estava nas mãos dEle, a obra era dEle. O formulário foi preenchido e encaminhado ao órgão competente (*alguns hospitais aceitam negociar as contas e podem ajudar a estabelecer um plano de pagamento com parcelas mensais mais administráveis*), agora elas precisavam esperar, segundo o hospital elas iriam receber a resposta em trinta dias. A medida que o tempo passava, aumentava sua expectativa e Cida continuou confiando que o Deus da Provisão estava trabalhando em seu favor, que alguma solução teria para aquela situação.

A resposta chegou! Cida e Isabel receberam uma carta dizendo que a solicitação tinha sido aprovada, o hospital havia encaminhado a solicitação para um "Plano de Caridade" e para Honra e Glória ao Senhor, a carta dizia que Isabel não devia mais nada para o hospital, ela foi isenta do pagamento, a conta foi zerada. O milagre aconteceu, a benção chegou!

Foi incrível aquele momento, Cida entendeu o cuidado de Deus em sua vida e de sua filha. Às vezes não entendemos o trabalhar de Deus no momento da luta porque somos humanos, queremos ver a resposta imediata e cultivamos o velho hábito de questionarmos Deus. Sempre no momento da luta surge o famoso "por quê? Por quê? Por quê?". Quando a vitória chega, junto vem a alegria e o entendimento, é o momento de dar honra e glória para o nosso Deus.

Certa vez, Cida ouviu uma frase de um pastor que ela guardou em seu coração, a frase dizia assim: "*Deus complica, descomplica e depois explica porque complicou*". Foi exatamente isso o que aconteceu. Foi preciso passar por outra provação, para que elas pudessem entender o agir de Deus. "*O choro pode durar uma noite, mas a alegria vem pela manhã. Depois de tantas lutas, nossas vidas voltam ao normal.*" Salmos 30:5.

Cida era grata ao Deus da Provisão e aos amigos que ela amava e que se tornaram irmãos durante aquela batalha. "*Rendam graças ao Senhor, porque Ele é bom; o seu amor dura para sempre. Bendito seja o*

Senhor, o Deus de Israel, de eternidade a eternidade" I Crônicas 16.34, 35.
Tudo que Deus criou é bom, e nada deve ser rejeitado ou esquecido, pois é santificado pela palavra de Deus e pela oração, por isso devemos usar a gratidão como um sentimento de reconhecimento. *"A gratidão é mais que uma atitude corriqueira de nos mostrarmos satisfeitos com um favor. Ela é uma emoção, um valor que provém da ação gratificante, de um ganho inesperado ou de um pedido atendido. Sentir-se grato é algo que nos coloca em conexão com o sentido da vida plena: a abundância, afinal ostra ferida não produz pérolas...*

Ser mãe permitiu a Cida encontrar a felicidade na felicidade de suas filhas, com certeza essa é uma condição que a maternidade lhe proporcionou. Quando falo da Cida, eu falo da mãe que se sacrificou, teve disposição, compreensão, fé e amor por uma pessoa que não era ela mesma. Poder se dedicar com amor e atenção a outras pessoas é algo que somente uma mãe é capaz de fazer com toda complacência.

Para a Glória do Criador, em outubro de 2018, Isabel conheceu uma rapaz que o Senhor havia lhe prometido, um rapaz segundo o coração de Deus. Após a saída dela do hospital, Deus usou uma pessoa de fé que lhe disse o seguinte: *"Assim como você é um milagre, o seu esposo também é um milagre".* O genro da Cida é sobrevivente de um câncer no cérebro quando tinha apenas dois anos de idade. Os Planos de Deus são inquestionáveis.

Em maio de 2019 casou-se na Corte (*As licenças são obtidas no Clerk & Comtroller's office (courthouse) ou no que nós chamamos de fórum no Brasil, em qualquer condado do estado da Flórida*). O que Deus promete, Ele cumpre. Em fevereiro de 2020, foi realizado o casamento na igreja do Senhor. Foi um casamento lindo, planejado pelo Criador, para duas pessoas que passaram pelo vale da sombra da morte e cujas vidas são milagres. Casamento digno de uma princesa e ainda mais, com a publicação na Revista Face Brasil em Orlando. Deus faz e acontece quando colocamos a nossa fé em ação.

Eu conheço Cida faz alguns anos, ela foi intercessora de oração na vida da minha filha, ela me visitou várias vezes para orar comigo e

Sarah, temos essa cumplicidade de sermos mães de oração. Eu acredito que a melhor maneira de ensinar o caminho da felicidade para nossos filhos é mostrar-lhe quem somos, mostrar nosso compromisso com o Pai Celeste, assim, nossos filhos irão se espelhar na pessoa que vêem. É desde crianças que aprendem por observação e imitação, filhos não fazem aquilo que lhes dizemos, mas sim aquilo que fazemos. " *Consagre ao Senhor, tudo o que você faz, e os seus planos serão bem-sucedidos*". *Provérbios 16:3.*

CAPÍTULO 12
FIDELIDADE

Cantarei para sempre o amor do Senhor; Com a minha boca anunciarei
a tua fidelidade por todas as gerações. Salmos 89.1

Isabel nasceu no Rio de Janeiro em 1990, filha da Cida e Genivaldo, irmã da Fabíola hoje com 43 anos e Renato (in memorian) irmão por parte de pai. Quando ela tinha 3 anos de idade, em um dia como todos os outros, o pai de Isabel chegou do trabalho e ela lhe pediu "dólar", mesmo sem esta palavra ser parte do vocabulário da cas (acreditam mesmo que ela não tinha ouvido da boca de seus pais). Os pais não entenderam que tal pedido já era, provavelmente, um sinal de Deus de que Isabel não iria viver toda sua vida no Brasil. Hoje ela tem 30 anos e fazem 14 anos que a promessa de Deus se cumpriu na sua vida. Ela chegou nos Estados Unidos em Agosto de 2006 junto com a mãe.

Uma certa vez Isabel teve um sonho marcante, sonhou que estava em um campo bem verdinho e nele tinha uma árvore bem grande e bonita. Nesta árvore tinha um balanço e ela se balançava sem preocupação alguma. Um sonho bem interessante e que lhe transmitia uma Paz muito grande. Ela teve o mesmo sonho por algumas noites seguidas, contudo no decorrer do sonho, nas noites seguintes, uma grande tempestade se aproximava. Porém, ela não ia embora e permanecia ali no balanço, o vento ia ficando cada vez mais forte. Ela podia sentir o vento, porém embaixo da árvore ela tinha a sensação que não estava acontecendo absolutamente nada, ela sentia-se segura, certa de que nada iria acontecer independente do que estava ao seu redor. Isabel tentou entender o significado daquele sonho, mas não deu muita importância. Pensava que aquele sonho era coisa da sua cabeça mas até hoje ela lembra todos os detalhes daquele sonho.

Alguns anos se passaram. Em Abril de 2012, tudo parecia aparentemente normal, mas Isabel tinha o período menstrual muito desregulado. Sem fazer qualquer tipo de exame para confirmar o motivo, o médico apenas disse ser um período irregular, uma "alteração hormonal" e lhe prescreveu um anticoncepcional. Ainda afirmou que o fluxo iria parar em 14 dias (Quando a menstruação dura mais de 8 dias, pode ser sinal de que a mulher está com alguma alteração no seu sistema reprodutor. Nesse caso, a perda contínua de sangue pode levar ao surgimento de sintomas como fraqueza, tontura ou anemia, devido a uma perda intensa de sangue).

No décimo quarto dia não ocorreu como o médico havia informado e, com o ciclo menstrual prolongado, Isabel se sentia bem fraca. Ela foi trabalhar com a mãe para não ficar sozinha, pois tinha medo de passar mal e não ter ninguém para socorrê-la. Manchas roxas começaram a aparecer pelo seu corpo e também pequenas bolinhas de sangue em sua boca. Ela continuava tomando o remédio que o médico havia prescrito sem nenhum resultado positivo. No dia 14 de Abril 2012 tudo ia acontecendo muito rápido, o corpo já estava dando sinais de debilidade. Isabel se sentia muito fraca e cansada, tinha dificuldade de caminhar sozinha e muitas vezes ao abaixar a cabeça sua visão ficava turva. Sentia como se fosse desmaiar, passando por todo esse processo, ela percebeu que não dava mais para continuar sem saber exatamente o que estava acontecendo. Foi então que ela pediu para sua mãe leva-la ao Hospital. Elas foram para a Emergência do Hospital Dr. Philips.

Quando chegou no Hospital, devido a sua condição aparentemente debilitada, foi imediatamente atendida. Estava muito pálida e cheia de hematomas pelo corpo.

Isabel foi examinada e os médicos informaram que ela estava com Leucemia (*nos casos positivos de Leucemia, o resultado do hemograma apresenta alterações na contagem de plaquetas e valores dos glóbulos brancos e vermelhos*), segundo a avaliação da junta médica, os exames mostravam um nível avançado da doença. Este foi o diagnóstico informado pelos médicos da sala de emergência, como as plaquetas são as células responsáveis pelo processo inicial da coagulação do sangue, é comum que pacientes com plaquetas baixas apresentarem sangramentos, principalmente na gengiva, e equimoses (*manchas roxas na pele*). Petéquias, que são múltiplos pequenos pontos vermelhos na pele, também podem ocorrer.

Foi um choque muito grande, mas Isabel e sua mãe permaneceram confiantes, pois, como não haviam feito exames mais detalhados, o diagnóstico final poderia ser diferente. Mais exames foram solicitados e o mais difícil foi descobrir que a taxa de sangue no corpo estava bem baixa, (*O hemograma completo é um exame de sangue para avaliar a saúde do paciente de maneira geral e identificar possíveis desordens, como anemia, infecções e leucemia. O hemograma completo pode ser chamado simplesmente de "hemograma", pois não existe hemograma que não seja completo*). Imediatamente Isabel foi colocada no soro e logo começou a ter reações. Ela começou a tremer, ficar bem gelada e seus batimentos cardíacos aceleraram e ela desmaiou, as enfermeiras presentes a socorreram e os médicos foram chamados.

A mãe de Isabel estava bem assustada e os médicos explicaram que devido ao baixo nível de oxigênio o corpo de Isabel teve aquela reação. Os médicos ordenaram a internação. Assustada e sem entender muita coisa, começava uma jornada hospitalar na vida de sua filha. Isabel foi examinada por vários médicos e especialistas em hematologia. O resultado dos exames chegaram e para surpresa de Isabel e sua mãe, um novo diagnóstico: "Lúpus" (*É uma doença inflamatória autoimune, que pode afetar múltiplos órgãos e tecidos, como pele, articulações, rins e cérebro. Em casos mais graves, se não tratada adequadamente, pode matar. O nome científico da doença é "Lúpus Eritematoso Sistêmico –LES)".*

Os glóbulos vermelhos estavam muito baixos e Isabel ficou no Hospital por 17 dias. Nesse período de internação, precisou tomar muitos remédios e também necessitou de 7 bolsas de sangue e 7 de plasma (*Estudos epidemiológicos sobre prevalência e incidência de lúpus eritematoso sistêmico apresentam uma grande variação nos resultados entre as várias populações estudadas no mundo*[1-4], *mesmo dentro de um mesmo país, mostrando uma taxa anual de incidência de LES que varia de 1,8 a 7,6 casos por 100.000/habitantes*). Quando os médicos iam visita-la, sempre perguntavam se ela entendia o que estava acontecendo, acredito que eles não se compreendiam a tranquilidade com o que elas lidavam com o diagnóstico fornecido. Muitas pessoas nessa situação teriam uma reação mais desesperada, mas a confiança que tinham em Deus era tão grande que não se sentiam abaladas espiritualmente com a notícia. Isabel desde pequena frequentava a igreja, participava das atividades do ministério infantil e na adolescência envolveu do ministério de dança, onde descobriu o chamado para adoração. Ela e sua família eram membros da Assembleia de Deus de Campo Grande-RJ, onde foi batizada em 2000.

Foram dias bem difíceis, Isabel era monitorada 24 horas por dia. Tinha que fazer exames de sangue com frequência para verificaçao da contagem dos glóbulos. Confiante em Deus e no seu agir, ela era consciente que para tudo há um propósito. Muitos irmãos da igreja foram visita-la no hospital, inclusive eu (*O acompanhante facilita a comunicação, assegura e fiscaliza o atendimento da equipe e acompanha a evolução clínica. A hospitalização não é fácil tanto para o paciente quanto para o acompanhante*). Como foi bom saber que tinham outras pessoas ajudando em oração. Aqui em Orlando, Isabel frequentava a Igreja Assembleia sob direção do Pastor Edson Monteiro. Eram cuidadosos com ela e as irmãs da igreja se revezavam para ficar com ela no Hospital. Assim, não se sentia só, sua mãe precisava trabalhar e ter essa ajuda a deixava mais tranquila. Deus sempre cuidou dos mínimos detalhes. É importante lembrar que a visita a pacientes é uma proposta da Política Nacional de Humanização cujo objetivo é ampliar o acesso dos visitantes às unidades de internação, de forma a garantir o elo entre o paciente, sua rede social e os diversos serviços da rede de saúde, mantendo latente o projeto de vida do paciente.

Isabel recebeu alta, retornou para casa e alguns cuidados se tornaram prioridade. Sabemos que qualquer diagnóstico muda a vida e a rotina de uma família com uma pessoa enferma.

Quando visitamos uma pessoa enferma é importante ter cuidado com comentários negativos. Conheci uma pessoa que, visitando a família de uma criança com leucemia, começou a contar sobre o falecimento do filho de um amigo com a mesma doença e na mesma condição em que a criança se encontrava. Não preciso nem dizer que foi um grande mal-estar. Com certeza aquela pessoa trouxe ainda mais angústia para aquela família. É sempre delicado tratar a dor do próximo e, por isso, é primordial levar uma palavra positiva, de incentivo e de ânimo.

A jornada de Isabel não acabou quando ela recebeu alta do hospital. Ela precisou fazer acompanhamento médico por um longo período, precisou ir ao hematologista a cada 15 dias para fazer os testes de sangue para confirmar se a medicação estava de acordo e se o corpo estava reagindo bem. Uma vez, em consulta com uma médica para análise do laudo médico, a mesma disse que Isabel era uma pessoa de sorte, pois com 4.1% de glóbulos vermelhos no sangue ninguém sobrevive. Porém, Isabel com muita sabedoria disse que não se tratava de sorte, sempre foi Deus agindo em sua vida.

Isabel precisou tomar uma "dosagem alta" de cortisona, vitaminas e hormônios, pois o seu corpo não conseguia se manter somente com a quantidade de alimentos ingerida diariamente. O tratamento foi dando certo e com o passar do tempo o corpo foi reagindo bem, a medicação começavou a ser reduzida, mas foi necessário continuar tomando os 80 miligramas diárias de cortisona, e assim foram os anos seguintes. Em 2016, Isabel teve outra recaída e retornou para o hospital. Ela ficou inconformada, pois estava tomando os remédios em dosagem menor e tudo parecia bem. Os médicos decidiram que era necessário retornar com todos os medicamentos e visitas frequentes ao médico especialista.

Isabel não aguentava mais aquela situação, se sentia desanimada, mas sabia que, através da oração, podia alinhar o desejo de cura à vontade de Deus. Sem deixar de crer na oração, pediu uma direção a Deus e começou a buscar outras opções. Mudou radicalmente a alimentação, ela decidiu que iria ficar um bom período sem comer fora de casa, e com certeza a comida feita em casa seria mais saudável. Eliminou frituras e fast food da sua rotina alimentar. Com essa mudança, começou a perceber uma melhora.

Animada, ela sentia que a benção estava bem próxima. Os resultados dos exames mostravam uma melhora significativa, os médicos puderam ver que a cura estava mais próxima, faltava pouco!

Isabel percebeu sua vida, aos poucos, voltando ao normal, mas ainda tinha muitos desafios pela frente. Em 2017 um novo sintoma apareceu, ela começou a sentir dores muito forte nas articulações, um quadro preocupante *(Sintomas articulares, que vão desde dores intermitentes nas articulações(artralgias) a inflamação repentina de múltiplas articulações (poliartrite aguda), ocorrem em cerca de 90% das pessoas e podem existir por anos antes de outros sintomas se manifestarem. Nos casos em que a doença está presente há um longo período, podem ocorrer folga e deformidades articulares acentuadas (artropatia de Jaccoud), mas são raras. No entanto, a inflamação das articulações geralmente é intermitente e não danifica as articulações).* Além das articulações o lúpus pode reagir de formas diferentes nas pessoas. Cerca de 70% a 90% das pessoas que têm lúpus são mulheres em idade fértil, mas crianças (principalmente meninas), homens, mulheres, idosos e até mesmo recém-nascidos também podem ser afetados. O lúpus ocorre em todas as partes do mundo.

Isabel sentia dores todos os dias, tinha vezes em que ela não aguentava fazer nada e só pedia à Deus para aliviar sua dor. Algumas vezes nem conseguia se movimentar normalmente, um virar a mão ou pernas de mal jeito era o suficiente para gerar dores que a deixavam de cama. Isabel seguiu tomando as medicações, porém não ajudavam muito e, conforme os dias iam passando, ia ficando cada vez pior.

A mãe e a irmã estavam sempre ao seu lado ajudando, pois os movimentos do seu corpo já estavam bem limitados. Precisava de ajuda para ir ao banheiro e quando ia se movimentar na cama. Isso a deixou muito preocupada, chegou até pensar que poderia perder os movimentos.

Muitas vezes Isabel acordou de madrugada com fortes dores, não se sentia confortável para dormir e era nesses momentos que a mãe se prostrava diante de Deus e clamava pela cura da sua filha.

Os médicos explicaram que Isabel teria fases nas quais os sintomas estariam evidentes, chamados "períodos de atividade" e, em outros momentos, não teria nenhum sintoma, período de "remissão".

Mesmo em momentos do tratamento onde Isabel não apresentasse nenhum sintoma, não era possível afirmar que ela estivava 'curada', pois as alterações imunológicas continuavam presentes. *"É necessário manter o controle médico de forma contínua com o uso de um ou mais medicamentos que ajudam a manter a doença sob controle".*

Isabel clamava a Deus pedindo por ajuda, pois percebia que sua mãe também já estava bem cansada. Estava cansada da luta diária e sem resultados aparentes. Eu acredito que sua mãe entendia a necessidade de continuar pedindo a Ele graça para a vida de sua filha. Jesus foi enfático: *"E eu vos digo: pedi e dar-se-vos-á; buscai e achareis; batei e abrir-se-vos-á. Pois todo aquele que pede, recebe; aquele que procura, acha; e ao que bater, se lhe abrirá" (Lc 11,8-10).*

Isabel ficou mais um tempo hospitalizada, recebendo doses de morfina para aliviar as dores intensas. Outras medicações pareciam já não dar resultado e o processo era lento, mas, pouco a pouco, o alívio chegava. Nos dias em que passou sozinha no hospital tinha a certeza da presença de Deus. *"Deus não nos mandaria pedir se não nos quisesse ouvir. A oração é uma chave que nos abre as portas do céu.*

Hoje em dia Isabel ainda sente os efeitos que a última crise deixou, tem alergia a alguns alimentos e um dos seus grandes desafios é manter o colesterol dentro dos valores normais para evitar complicações cardiovasculares. Para isso é necessário uma alimentação variada, colorida e rica em fibras das frutas e vegetais crus, com os probióticos dos iogurtes normais e os de Kefir, para manter o intestino sempre saudável.

Em João 16:33 diz que "No mundo tereis aflições, mas tende bom ânimo; Eu venci o mundo".

Para apoiar pacientes, cuidadores e profissionais de saúde, no Dia Mundial do Lúpus, celebrado em 10 de maio, o relatório "Um olhar para o Lúpus" liderado por especialistas, foi publicado. Desenvolvido para ajudar a destacar inconsistências e lacunas nos cuidados e áreas de atuação e para trazer atenção às necessidades que muitas vezes podem existir para os pacientes e suas famílias que vivem com lúpus. Esta condição afeta aproximadamente cinco milhões de pessoas globalmente, sendo aproximadamente 200 mil brasileiros. Essa pesquisa revela que 15% dos habitantes de 16 países investigados nunca ouviram falar sobre o lúpus. Além disso, dos que julgam ter algum conhecimento, 2% disseram que lúpus é um tipo de comida, 8% afirmaram ser uma planta, e 11%, uma bactéria. No levantamento, o Brasil aparece com um índice de informação acima da média global, com 81% dos entrevistados tendo respondido corretamente que se trata de uma doença.

A mãe da Isabel continua sendo persistente em oração. A oração de uma mãe é muito importante para Deus. É no que o movimento Desperta Debora tem suas raízes firmadas, mães cristãs que oram por seus filhos todos os dias. Mães de joelho filhos de pé! Em 2019 Isabel casou-se, está feliz com seu esposo, continua morando em Orlando, e fazendo tratamento.

"*Tem dias que são mais difíceis que outros, mas eu nunca desisti pois eu tenho um Deus que cuida e zela por mim. É bom saber que tenho uma mãe que ora por mim todas as noites. A minha mãe é bem presente na minha vida e sou grata à Deus por ter me dado ela como Mãe. E como filha eu quero continuar honrando minha mãe. Em Efésios 6:1 diz: Filhos, obedeçam a seus pais no Senhor, pois isso é justo. "Honra teu pai e tua mãe", este é o primeiro mandamento com promessa: "para que tudo te corra bem e tenhas longa vida sobre a terra. Agradeço a Deus pelos ensinamentos dados por ela, que deve sempre ser confiantes no Senhor pois tudo acontece no tempo dEle e tudo para honra e glória dEle. Creio que minha vida é um exemplo deste mandamento de Deus, quando estamos debaixo da promessa de Deus elas se cumprem em nossas vidas. Tenho que ter confiança no Senhor. Pois as dificuldades que passo hoje possam servir de ensinamento e testemunho de que o nosso Deus continua fazendo milagres na minha vida.*" Isabel.

CAPÍTULO 13
EM TUDO DAI GRAÇA

Regozijai-vos sempre. Orai sem cessar. Em tudo dai graças, porque esta é a vontade de Deus em Cristo Jesus para convosco. 1 Tessalonicenses 5:16-18

Eu já comentei que, particularmente, eu amo a cidade de Orlando, pois, apesar de meus familiares morarem no Brasil, já vivo aqui há 22 anos e meus filhos nasceram aqui. Para contar a história da Fabíola eu preciso falar um pouco sobre a nossa cidade.

Orlando é a cidade perfeita para os brasileiros nos Estados Unidos. Com um clima agradável (subtropical), uma infraestrutura de serviços públicos de alto padrão, muitas belezas naturais e tantas outras criadas pelo homem. Orlando é o lugar ideal para começar uma história fora do Brasil, conquistando qualidade de vida, segurança e tranquilidade.

Orlando é uma cidade localizada na Flórida, no condado de Orange. Foi fundada em 1873, e está localizada na região central do Estado, costumamos dizer que moramos na "Central Florida", a cidade é famosa por suas atrações turísticas, tais como Disney World, Universal Orlando e Sea World Orlando. Em 2012 recebeu mais de 55 milhões de turistas, tornando-se a cidade mais visitada dos Estados Unidos e a segunda mais visitada no mundo, com uma imensa infraestrutura de hotéis, carros de passeio e guias para atender a demanda.

A infraestrutura para o turismo é tão grande que a cidade possui 100 mil quartos de hotéis a disposição e 26 mil residências de aluguel para férias, o turismo emprega 230 mil pessoas na região, sendo que Walt Disney World é a que mais emprega com 56 mil funcionários. Além de ser um polo turístico, Orlando também é um centro financeiro, passando atualmente por uma fase de intenso crescimento, com inúmeros projetos de expansão em andamento. Por oito anos consecutivos é considerada líder em atendimento e pesquisas na área da saúde.

A região onde é localizada a cidade de Orlando, era habitada por uma tribo de nativos chamados seminoles. Durante a primeira guerra com os seminoles, um soldado chamado Orlando Reeves foi morto em suas terras, onde produzia açúcar, e seu corpo foi enterrado ao lado de uma árvore e seu nome entalhado na mesma. Mais tarde, alguns colonos que chegaram à região passaram a atribuir o nome escrito no túmulo ao local onde eles se estabeleceram, assim Orlando recebeu este nome. Por volta de 1850 a região passou a ser ocupada pelos primeiros habitantes que em sua maioria eram criadores de gado, e assim permaneceu durante a Guerra Civil Americana. De 1875 e 1895 a cidade passou por uma fase de grande crescimento na produção de frutas cítricas, em especial a laranja, esta fase ficou conhecida como a Era Premiada. Mas ao final dessa fase a produção passou por grandes problemas devido a grandes geadas que chegou à região, por isso muitos produtores deixaram a cidade passando a produzir mais ao sul do Estado, a região de Orlando entrou em declínio.

Um fato importante acontecido nos anos 70 foi a construção do Aeroporto Internacional de Orlando, no lugar da Base McCoy da Força Aérea, sendo atualmente um dos mais movimentados aeroportos do mundo. O acontecimento de maior importância econômica para a cidade foi em 1965 com a construção da Disney World. A escolha de Orlando para ser a sede do complexo é porque aqui os furacões têm uma incidência menor do que nas cidades litorâneas. A obra do complexo terminou em Outubro de 1971, com isso um crescimento econômico e populacional gigantesco foi trazido para cá, além de fazer a cidade conhecida no mundo inteiro. Outros parques temáticos e resorts se instalaram na cidade, movimentando ativamente a economia.

A população de Orlando conta com uma excelente estrutura de

hospitais, centros de pesquisas avançadas sobre doenças e tratamentos e uma enorme rede de médicos, dentistas, fisioterapeutas, entre outros profissionais da área.

A mãe e a irmã de Fabíola mudaram-se em agosto de 2006 para Orlando. Fabíola morava no Rio de Janeiro. Era um domingo, setembro de 2014, enquanto Fabíola estava no culto, ela ouviu Deus falar em seu coração que ela também viria morar em Orlando. Ela ficou quietinha, provavelmente orou e guardou o que Deus havia falado. Através da Bíblia conhecemos o agir de Deus e entendemos a forma como ele cuida de nós. Entendemos o propósito, vemos a forma como Ele gosta das coisas e somos direcionados a viver à sua maneira. (*Is 26:3,4 "Tu conservarás em paz aquele cuja mente está firme em ti; porque ele confia em ti).*

Dessa forma, creio que o melhor jeito de aprender a ouvir a voz de Deus, é tendo cada vez mais intimidade com Ele. No secreto, orando, lendo a Bíblia e silenciando o som do mundo.

Coisas incríveis acontecem quando confiamos no Senhor, um mês depois, a mãe de Fabíola também ouviu Deus falar em seu coração dizendo que a filha viria morar em Orlando. É preciso uma conexão muito especial para que isso aconteça. Fabíola recebeu uma ligação de sua mãe. A emoção foi grande, pois as duas estavam falando de algo muito importante que Deus havia falado em seus corações. *"Pois Deus não é Deus de confusão, mas de paz" (1 Coríntios 14:33a).* Imaginem só ouvir a voz de Deus falar ao teu coração, você começa a se preparar para aquilo, sonha com todos os detalhes e, de repente, da maneira mais inesperada, aquilo parece estar acontecendo. Você se anima e pensa "Finalmente! Deus respondeu minha oração".

Fabíola conversou com o marido e decidiram que, no primeiro momento, ela faria a viagem sozinha, pois não tinham reservas financeiras suficientes para que os dois viajassem. Ela então confiou no agir Deus e na sua provisão. Nesse processo de organizar documentos e esperar o momento oportuno, o marido de Fabíola foi demitido, com o dinheiro da idenização eles puderam providenciar todos documentos necessários para fazer passaporte e tirar o visto Depois de tudo em mãos precisaram preencher formulários online; pagar taxa visto americano; agendar entrevista e marcar ida ao CASV (*Centro de Atendimento ao Solicitante de Visto, é um centro onde são coletados dados biométricos dos solicitantes de visto antes do comparecimento à seção consular*).

Por falta de matéria prima para confecção das capas dos passaportes, a emissão de passaportes enfrentava problemas no prazo para a entrega do documento. Estava demorando até 45 dias corridos após o pedido para o recebimento, quando o prazo normal é de seis dias úteis. Essa previsão nao abalou Fabíola e, por incrível que pareça, seu passaporte estava prontinho para ser retirado em 7 dias. O próximo passo era o visto, os documentos exigidos já estavam todos prontos. Se preparou para o dia da entrevista no consulado americano, se tudo estiver em ordem e o formulário tiver sido preenchido de uma forma fácil para que o agente consular entenda o seu perfil, a entrevista provavelmente durará menos de dois minutos. Com Fabíola não foi diferente, o visto foi aprovado em Dezembro de 2014. Apenas 3 meses após todo o processo de preparo.

Fabíola avisa a mãe e a irmã, elas ficaram fascinadas com agir de Deus e mal podiam esperar o momento do reencontro. A mãe toda feliz dizia para Fabíola que ela tinha que vir logo, elas sabiam comprar a passagem era outra questão, porque Fabíola não tinha dinheiro para vir naquele momento.

Então elas combinaram de iniciar um propósito de oração pela compra da passagem. Era momento de ser grata a Deus por tudo que Ele já havia feito. Gratidão é uma forma de dar glória a Deus por Sua bondade. No versículo 9, de Lucas 11, Ele nos ensina *"Pedi, e dar-se-vos-á; buscai, e achareis; batei, e abrir-se-vos-á. Pois todo o que pede recebe; o que busca encontra; e a quem bate, abrir-se-lhe-á.*

Fabíola começou a pesquisar preços de passagens, só encontrava valores absurdos e datas pouco prováveis, mas o Senhor proveu e moveu tudo conforme ele determinou. Tenho aprendido ao longo de quatro décadas servindo ao Senhor que todos nós dependemos em tudo de Deus! Em toda a totalidade de nossa vida, ou seja, em todas as áreas de nossa existência dependemos exclusivamente de Deus.

Fabíola chegou em Orlando dia 24 de dezembro de 2014, pela manhã. Tudo combinado entre ela e a irmã para surpreender a mãe que pensava que ela chegaria à noite. Assim que ela chegou no aeroporto telefonou para a irmã avisando que já havia chegado.

Combinaram com um amigo, o pastor Marcelo e esposa Geisy, para ir buscá-la no aeroporto, a levaram pra almoçar e depois para casa. Quando ela chegou, a festa estava formada. Nem consigo descrever esse momento, lembro que a emoção tomou conta do ambiente, os corações acelerados e muitos abraços para compensar o tempo que estiveram distante, afinal, foram 8 anos e 5 meses de distanciamento.

Em janeiro de 2015, numa reunião de oração Fabíola, conheceu a missionária Diana. Elas oraram juntas e, quando terminou aquele momento, a missionária disse que via alguém revirando uma enorme pilha de papéis em branco. Naquele momento não ficou claro, mas Fabíola não perguntou. Preferiu esperar para asimilar melhor o que a missionária havia falado. Aquela mensagem ficou guardada na memória de Fabíola. Fabíola estava feliz e em março seu marido chegou em Orlando.

Em setembro de 2017, após um auto exame de mama, ela percebeu um nódulo no seio direito, preocupada ela comentou com a mãe e com o marido, mas desconfiaram que poderia ser apenas por conta do período menstrual.

O nódulo (*"Nódulo mamário é o termo técnico para o que a população geralmente chama de caroço no seio, e é usado antes da confirmação do diagnóstico. Eles podem corresponder a alterações benignas da mama ou câncer. As alterações benignas são as mais comuns, principalmente se considerarmos as mulheres mais jovens"*), preocupou Fabíola que decidiu procurar um médico. Todos os exames ginecológicos foram feitos, uma mamografia e um ultrassom. Dez dias depois, Fabíola recebeu uma ligação da clínica dizendo que eles precisavam conversar com ela.

A princípio ela ficou "aterrorizada", várias dúvidas passaram pela sua cabeça. Embora ela soubesse o que estava acontecendo fisicamente, não tinha ideia de como seria viver aquela situação. Eu sei o que é enxugar as lágrimas, sair da clínica, passar pela sala de espera, pelo corredor do hospital até chegar ao estacionamento e começar a chorar sem parar. Passei muitas vezes por momentos assim, quando a minha filha foi diagnosticada com "distrofia neuroaxonal"; vi muitas vezes a dificuldade dos médicos para me dar a notícia e creio que não foi diferente com Fabíola. O dom de dar essa notícia vai além do conhecimento técnico e específico. Geralmente, o jeito com que o diagnóstico dessas doenças são ditos ao paciente pode marcá-lo por todo o período do tratamento. *"É preciso mostrar que a paciente não está sozinha, sempre alimentando esperança. Temos que abraçá-la e confortá-la para que ela se sinta mais segura e venha a ter um vínculo com a equipe médica e também o suporte familiar, que são os dois pilares de sustentação da paciente".*

Após algumas visitas ao médico, decidiram fazer uma biópsia. Fabíola não tinha plano de saúde, iniciou então uma jornada incansável à procura de um lugar para a realização do exame. Os valores desse exame eram muito altos, ela não tinha como pagar. Então uma amiga sugeriu Shepherd 's Hope (A Shepherd' s Hope oferece atendimento médico para pacientes sem plano de saúde e de baixa renda que precisam de atendimento médico não emergencial). Os médicos que prestam serviço nesta clínica são todos voluntários. Fabíola havia sido atendida numa clínica particular e provavelmente teria pouca chance de ser atendida no Shepherd 's Hope. Ela foi até a clínica e fez o cadastro e, para sua surpresa, no sistema não constava absolutamente nada sobre seu atendimento numa clínica particular. Após a aprovação do cadastro, ela passou pela primeira consulta e saiu com muitos pedidos de exames. Ela não perdeu tempo e os fez rapidamente.

Tudo aconteceu muito rápido e com muita eficiência. O trabalho dessa clínica é incrível. Esse trabalho teve início no verão de 1996, ao longo de uma praia em Sanibel Island, Florida, onde o pastor da Igreja Metodista Unida de São Lucas, Dr. Williams S. Barnes, estava de férias. Enquanto caminhava sozinho pela praia, pensando e meditando como costumava fazer, o Dr. Barnes entendeu que Deus o estava chamando para fazer algo pelas pessoas que precisavam de cuidados médicos e não tinham onde recorrer. O Dr. Barnes sabia e confiava que, quando chegasse a hora certa, Deus mostraria o caminho. Ele compartilhou a mensagem, primeiro para alguns membros-chave de sua congregação e depois para toda a igreja. De uma forma incrível, pessoas, lugares e peças- chave começaram a se unir a essa ideia, de modo que em seis meses, o primeiro Centro de Saúde Shepherd 's Hope totalmente voluntário abriu suas portas.

Conforme a notícia ia se espalhando sobre este novo centro de saúde voluntário, a resposta foi esmagadora. As famílias vinham de longe para serem atendidas gratuitamente pelos médicos, enfermeiras e outros voluntários que doaram seu tempo para atender famílias de baixa renda e sem plano de saúde. Outras congregações religiosas da região viram o que estava acontecendo, sabiam das necessidades e se juntavam em parcerias. Hoje, Shepherd's Hope opera em cinco centros de saúde médica.

A Shepherd's Hope depende de fortes parcerias dentro da comunidade local para garantir que seus serviços alcancem os mais necessitados. Cada centro de saúde Shepherd 's Hope é o resultado de uma parceria entre uma comunidade religiosa, uma escola ou um centro parceiro/hospital. As igrejas são o principal recurso para médicos voluntários, enfermeiras e outros voluntários leigos que, por meio de seu compromisso de fé, trabalham regularmente em um centro de saúde, que normalmente está aberto várias noites por semana. Os hospitais da área aceitam referências não compensadas para serviços laboratoriais e de radiologia de rotina. Em muitos casos, as agências de saúde local fornecem acompanhamento e serviços especializados para pacientes que precisam de cuidados mais avançados.

Pacientes que são elegíveis para serviços através da Shepherd's Hope têm renda igual ou inferior a 200% do nível de pobreza, não têm plano de saúde e não são elegíveis para programas de plano saúde do governo. Usando esses critérios, a Shepherd's Hope vem fornecendo mais de 300.000 visitas médicas gratuitas e serviços a paciente desde sua primeira inauguração em 1997. Embora o acesso a cuidados de saúde para os não segurados seja uma prioridade nacional muito discutida por muitos americanos, Shepherd's Hope oferece um modelo baseado na fé que pode ser copiado em comunidades locais nos Estados Unidos, levando esperança e cura a muitos necessitados.

A clínica telefonou para Fabíola marcando o dia da consulta para o médico conversar com ela sobre os resultados dos exames. Nesse dia, pela manhã, ela estava na casa de sua amiga Flávia, que iria com ela na consulta. Antes dela saírem a amiga faz uma chamada rápida para o Brasil para ter notícias da avó que estava doente e estava recebendo a visita de um pastor que foi orar por ela. Quando a Flávia iniciou a conversa com a família, o pastor disse que precisava falar com a Flávia e, incrivelmente, ele pediu para falar com a Fabíola. Ele nem a conhecia, mas disse que tinha um recado de Deus para ela. Fabíola, trêmula, o ouviu dizer: *"Acaso pode uma mãe se esquecer de um filho? Mesmo que isso acontecesse, todavia, não me esquecerei de ti. (Isaías 49.15), essa tempestade que você enfrenta será passageira, mas Deus estará com você"*.

Naquele momento Fabíola acreditou que o resultado dos exames seriam positivos. Logo depois elas seguiram para a clínica e assim que chegaram lá foram atendidas. Na sala estavam a médica chefe da clínica, o médico, a assistente do médico e um enfermeiro. Com aquela junta médica, Fabíola não tinha mais dúvidas do resultado dos exames.

O médico muito cauteloso falou tudo que era necessário sobre o resultado dos exames. Fabíola não suportou, começou a chorar e chorou muito. Toda a equipe médica e a amiga estavam lá para confortá-la. Fabíola precisou de um segundo momento para se recuperar e ser informada dos próximos passos. Ela precisava escolher se desejava fazer o tratamento ou não. E naquele momento ela decide fazer o tratamento. Então os médicos explicaram como seria dali pra frente. Quando Fabíola e Flávia chegaram no carro choram muito e foi difícil explicar quem consolou quem.

Fico imaginando que a primeira coisa que vem à cabeça de um paciente com esse diagnóstico é a possibilidade e concretude da morte.

Provavelmente o primeiro momento é o mais difícil, a grande maioria dos pacientes pensam que vão morrer, pensam na família, nos filhos, nos amigos e no que deixarão para trás. Fabíola se preparou para contar para família, conversou com o marido, choraram juntos durante um longo tempo e depois conseguiram conversar. Contudo, aquele nózinho na garganta não permitiu que ela contasse para a mãe e a irmã.

Num primeiro momento a noticia pode gerar isolamento, pois nenhum paciente quer que as pessoas sintam pena deles. Mesmo nos dias atuais, ainda existe o estigma enraizad de uma doença fatal e o paciente não quer ser pego por olhares piedosos. Preferem não compartilhat, temendo a reação das pessoas. Não é possível afirmar, no entanto, que todos os pacientes entrem em depressão. O que acontece, em grande parte das vezes, é um estado depressivo, o que é diferente. "A depressão como diagnóstico é diferente da depressão como reação a um período em que se está sendo mais consumido por determinadas dificuldades". Nem sempre o paciente procura ajuda psicológica no primeiro momento. O ser humano é composto de uma tríade (corpo, mente e espírito). Tudo o que acomete o físico tem sua repercussão no emocional e no espiritual. Nem todos os pacientes precisam da mesma ajuda psicológica. Cada caso é um caso. Existem pessoas que têm um nível de enfrentamento e resiliência muito alto. Eu acredito que Fabíola não assimilou a notícia de uma vez só, mas também não se vítimizou, nao se sentiu injustiçada. Ela aceitou fazer o tratamento e acreditava que teria uma resposta positiva.

Quinze dias depois a enfermeira responsável pelo seu caso ligou para informar o nome do médico oncologista, ela iria iniciar o tratamento. No final de novembro de 2017 j's tinhs feito todos os exames e na primeira semana de dezembro iniciou o tratamento no Florida cancer Specialists. Foram muitos exames, muitas conversas. Em Janeiro de 2018 ela fez a biópsia; no dia 22 Fevereiro de 2018, colocou o cateter para dar acesso a quimioterapia. A colocação do cateter foi realizada no centro cirúrgico através de procedimento bem simples, com anestesia local e um sedativo. O tempo do procedimento foi de mais ou menos

1 hora e Fabíola teve alta no mesmo dia. O cateter foi implantado no tecido subcutâneo e introduzido numa veia calibrosa, a veia cava superior, próximo à entrada do coração.

Fabíola sabia que, apesar de seguro, no local da inserção do cateter algumas complicações poderiam acontecer como vermelhidão, secreção local, sangramento e febre. Ela foi extremamente cuidadosa e, graças à Deus, cicatrizou rápido. No dia 28 de fevereiro voltou ao médico e a aplicação da primeira quimioterapia foi agendada para 05 de março (*A quimioterapia pode ser classificada em curativa, adjuvante, neoadjuvante ou prévia e paliativa. A quimioterapia curativa é utilizada quando se pretende acabar com o câncer através apenas dessa técnica. Na adjuvante, espera-se acabar com possíveis células que ficaram após o tratamento cirúrgico*). Esse tipo de tratamento pode ser diário, semanal ou mensal, mas de um modo geral a quimioterapia é administrada em ciclos, com cada período de tratamento seguido por um período de descanso, para permitir que o corpo possa se recuperar. Cada ciclo de quimioterapia dura em geral algumas semanas. E, no seu caso, Fabiola retornava ao médico para a sessão de quimio a cada três semanas.

Foram altos e baixos, e quase sempre era do mesmo jeito, Fabíola iniciava bem o tratamento, mas no final da semana já sentia-se mal. Depois do tratamento, até a segunda semana ela ficava muito mal, melhorava na terceira mas já precisava iniciar a próxima sessão (*A quimioterapia utiliza medicamentos anticancerígenos para destruir as células tumorais. Ao contrário da radioterapia ou cirurgia que tem como alvo áreas específicas, a quimioterapia alcança todo o corpo. Ela age sobre as células que crescem e se dividem rapidamente, como as células cancerígenas. Entretanto, as células normais e saudáveis do corpo também estão crescendo rapidamente, por isso são susceptíveis de serem afetadas pela quimioterapia, levando a alguns efeitos colaterais*). Os efeitos colaterais provocados pela quimioterapia dependem do paciente, dos medicamentos utilizados, da dose administrada e do tempo de tratamento, podendo incluir: Fadiga, perda de cabelo, hematomas e hemorragias, infecção, anemia, náuseas e vômitos, perda de apetite, diarreia ou constipação, inflamações na boca, problema de deglutição, problemas neurológicos e musculares, como dormência, formigamento e dor, alterações da pele e unhas, problemas renais, perda de peso, problemas de concentração, alterações no humor, alterações na libido e em alguns casos infertilidade.

No décimo quinto dia da primeira sessão, o cabelo de Fabíola começou a cair. Quem a conhece sabe, o cuidado e o amor que ela tem pelo cabelo. No dia 22 de março, ela conversou com o marido e resolveu que o melhor era cortar.

São vários os efeitos dos tratamentos de quimioterapia a nível estético, mas a queda de cabelo é, sem dúvida, um dos que maior impacto tem, não só físico, mas também emocional. Além disso, sabemos que o cabelo tem um papel tão importante para a imagem feminina, e a queda acontece praticamente de um dia para o outro.

Antes de se submeter a um tratamento de quimioterapia, é aconselhável perguntar para o médico se os medicamentos que vai tomar podem provocar a queda do cabelo. É importante que o paciente tenha esta informação e esteja preparado para enfrentar o problema. Fabíola adotou a mudança no look, cortou gradualmente o cabelo e foi adotando, na medida do possível, um novo estilo para ir se acostumando. Quando chegasse o primeiro ciclo de quimioterapia, ela já estaria acostumada com o "look curto" e assim o impacto seria menor. Outro aspecto importante e pouco divulgado em relação a perda de cabelos durante o tratamento de câncer é o cuidado com couro cabeludo. É necessário reforçar os cuidados com hidratantes, e aplicar, uma ou duas vezes por dia, cremes não excessivamente gordos e com um pH 5.5, para manter forma e o equilíbrio natural da pele desta parte do corpo.

Apesar de todas suas tentativas, não teve jeito e Fabíola precisou raspar o cabelo. Não foi fácil, ela chorou durante um bom tempo, mas passou. Na segunda sessão já chegou careca, foi então que começou a usar perucas oncológicas... (*O cabelo volta a crescer de 2 a 3 meses após o término da quimioterapia e o crescimento total do cabelo, algumas vezes, leva de 6 a 12 meses*).

Fabíola se sentiu incomodada com a perda do cabelo, mesmo

sabendo que a era transitória. Embora isso se torne pequeno diante do diagnóstico, nao foi assim para ela. Não estamos aqui para julgar nem um lado nem o outro, nem as que sofrem muito com a perda do cabelo, nem aquelas que não hesitam em desafilar suas carecas, lenços e turbantes maravilhosos. O importante para Fabíola era se fortalecer para vivenciar a experiência da melhor forma possível. A reação de cada pessoa para um mesmo problema é individual e a queda do cabelo tem um sentido diferente para cada uma delas, no final de tudo, Deus restituiu o cabelo que cresceu ainda mais lindo do que antes. Um dia de cada vez, antes da terceira sessão Fabíola já não sentia mais o nódulo.

Um certo dia de abril ou maio, antes de voltar a fazer a próxima sessão de quimio, um grupo de irmãs da igreja, se reuniu para orar com Fabíola, foi nesse dia, que ela sentiu que foi curada. Durante a oração, ela sentiu seu corpo esquentar, sentia como se DEUS estivesse dando um abraço e levando embora todo aquele mal.

Em agosto, ela passou por mais uma cirurgia, agora era pra retirada do tecido afetado pelo nódulo. Numa das consultas antes da cirurgia, a médica informou que Fabíola poderia optar por preservar ou retirar o seio, e após uma longa conversa ela optou pela preservação da mama, pois não havia mais vestígios do nódulo. A cirurgia e a recuperação foram um sucesso, mas os enjoos eram terríveis. Fabíola foi percebendo que durante todo o processo do tratamento ela estava dependente de Deus e dos cuidados do marido.

2018 foi um ano desafiador, com ainda alguns desafios pela frente, em Novembro, iniciou a radioterapia. A única sequela que ficou deste tratamento foi uma coloração mais escura que a natural no seio direito.

Finalmente o final do ano chegou, não aguentava mais aquela rotina de hospital, o seu corpo não suportava mais sentir dor e as agulhas, porém ela seguiu firme.

No ano seguinte, a medicação da quimioterapia mudou, passou a ter a função de fortalecer o sistema imunológico e, finalmente, em 17 Fevereiro de 2019 Fabíola tocou o tão esperado sino (*A ideia de fé e esperança vem ganhando o gosto de muitas Instituições de saúde no Brasil e no mundo, mas o carinho e entusiasmo a cada badalada é motivador e um "combustível a mais", para médicos que realizam o tratamento, equipe técnica e de enfermagem, mas principalmente para os pacientes que passam pelo tratamento, agora ao tocarem o sino, sentem que conquistaram mais uma etapa no processo da luta contra o câncer)*, uma iniciativa que simboliza a superação e a vitória dos pacientes contra esta doença que tem feito tantas vítimas em todo o mundo.

Fabíola recebia cartas de cobrança do hospital a cada 15 dias, e foram mais de 100 correspondências durante todo o ano de 2018. Em março de 2019, Fabiola recebeu mais uma, ela achou estranho, porque todos os outros envelopes estavam cheios de papel e esse era fino. Ela resolveu abrir, estava tudo em inglês mas ela leu e entendeu perfeitamente tudo que estava escrito ali, ela não mostrou a carta para sua mãe, esperou o marido chegar e entregou pra ele. Ele sentou-se na cama, riu e lhe perguntou se ela havia entendido do que se tratava, ela riu e disse que sim.

Eles se abraçaram, choram e agradeceram à Deus. Fabiola foi contar para sua mãe que a dívida de 65 mil dólares (valor com desconto de 70% da dívida total) havia sido perdoada! Foi então que lembrou da missionária Diana, que em 2015 via Deus revirando muitos papéis em branco.

É isso mesmo! A divida foi perdoada, ela não precisava pagar mais nada para o hospital. *"Não temas, porque eu sou contigo;não te assombres, porque eu sou o teu Deus;eu te esforço, e te ajudo, e te sustento com a destra da minha justiça"*. Isaías 41:10.

"Para mim, o que ficou de lição de tudo isso foi que, hoje em dia, eu sou infinitamente obediente e grata ao MEU DEUS por tudo que ele fez, faz e fará por mim nessa vida, aprendi a depender tão somente d'Ele. Dependência que me fez crer durante todo o período do tratamento, que eu acabaria tudo isso, sem nenhuma dívida hospitalar nesse país. Deus é fiel em todo o tempo." Fabíola.

CAPÍTULO 14
RESILIENTE

"Ouça, meu filho, a instrução de seu pai e não despreze o ensino de sua mãe. Eles serão um enfeite para a sua cabeça, um adorno para o seu pescoço." Provérbios 1:8-9.

Sylvia estava no oitavo mês de casamento, ela estava numa reunião de oração quando o pastor começou a orar para que os jovens casais pudessem engravidar e formar suas famílias. No nono mês de casamento, ela engravidou! Um detalhe, ela estava tomando pílula, e todos os dias ela tomava seu anticoncepcional, não esquecia, era sagrado. Desconfiada, ela fez o teste de gravidez e o resultado deu positivo. O marido estava no trabalho e sozinha em casa, se ajoelhou ao lado da cama e consagrou aquela gravidez e a criança a Deus.

Foi uma gravidez maravilhosa, tranquila, Sylvia praticamente passava os dias lendo, ou dormindo. Ela morava em São Paulo e, com a gravidez, decidiram mudar-se para a casa da mãe dela no Rio de Janeiro. Assim teriam a ajuda da família quando o bebê nascesse. O parto foi tranquilo, apesar de que a Rebeca (nome da bebê) estava na posição errada. Com esta situação eles tiveram que escolher entre fazer um parto de fórceps (*um instrumento cirúrgico utilizado para auxiliar o parto e facilitar a passagem da cabeça do bebê pelo canal vaginal*) ou uma cesárea (*tipo de parto onde o feto é extraído por um corte no ventre*). Escolheram a cesárea.

Sylvia tinha 21 anos e o marido 22, jovens e saudáveis. Foi tudo lindo. Rebeca crescia lindinha, era uma bebe esperta e sapeca. Ela era doce e muito obediente. Entendia bem sobre os limites e sempre eram elogiados pelo comportamento daquela boneca. Quando ela tinha quatro anos, eles receberam um direcionamento de Deus para se mudarem para os Estados Unidos onde a família do marido já vivia em Michigan. Decidiram ir para Connecticut, perto de Nova York. Aos 12 anos Rebeca recebeu uma resposta a suas orações, iria ganhar um irmãozinho, Joshua.

Ela cresceu saudável e até aos 16 anos não tiveram problemas com ela. Nesse período eles mudaram de Connecticut para a Flórida. Deus os havia chamado para o Ministério Pastoral e era preciso que ela estivesse bem com essa mudança drástica. Numa conversa com os pais, Rebeca disse: "- Se Deus chamou vocês para o Ministério, eu creio que Ele vai fazer a obra completa e vou conseguir novos amigos lá."

A família mudou-se para Orlando com o coração pulando de alegria porque iriam viver essa nova aventura. Tudo era muito diferente, como se fosse outro país e levaram um bom tempo para se ajustar à nova realidade.

Depois de algum tempo, Rebeca pediu para trabalhar em um K-Mart (uma *cadeia de lojas de departamentos),* bem perto da casa deles. Os pais pensavam que seria uma boa experiência, desde que não atrapalhasse seus estudos, pois ela era uma excelente aluna, muito inteligente mesmo.

Nesse trabalho ela conheceu um rapaz, de 21 anos, que deixou a família de Rebeca bem assustada, pois morava de favor em uma garagem. Preocupados eles conversaram com o rapaz e pediram que esperasse a Rebeca fazer 18 anos para então namorarem porque ele não tinha uma família e nenhum conhecido para apoiá-lo. Ele, sendo americano, entendeu que era uma situação complicada. Na Flórida, um menor de idade não pode namorar com um jovem maior de vinte um, pois é crime. (Onze estados, incluindo Wisconsin, Virgínia, Utah, Tennessee, Oregon, Dakota do Norte, Idaho, Flórida, Delaware,

Califórnia e Arizona, proíbem relacionamento com parceiros abaixo de 18 anos de idade). Só com a autorização dos pais.

Na verdade, os pais não faziam ideia do quanto isso iria mexer com ela. A revolta dela se mostrou imediatamente no comportamento. Rebeca passou a ser arrogante, rebelde, respondona, pulava a janela pra encontrar com amigos de má reputação, parecia que alguém havia acionado um botão errado, ela se tornou outra pessoa.

Aos 17 anos, quando Rebeca estava na High School, conheceu um oficial da Marinha Americana, ele foi até a casa dos pais da Rebeca, oferecendo ajuda para que ela ganhasse uma bolsa de estudos se ingressasse na Marinha. (*A Educação nos Estados Unidos é fornecida e controlada primariamente por três níveis governamentais diferentes: federal, estadual e local. Escolas públicas em geral são administradas por distritos escolares, estas administradas por conselhos escolares, cuja jurisdição é geralmente, mas nem sempre, co-existente com os limites de uma cidade ou um condado. Padrões educacionais são responsabilidade dos departamentos de cada Estado. A idade quando o atendimento escolar é compulsório varia de estado para estado... Crianças e adolescentes são obrigados a frequentarem a escola até a idade de 16 anos (ou até a finalização do segundo grau), na maioria dos estados. Estudantes podem frequentar escolas públicas, privadas ou domésticas. Nas duas primeiras, a educação está dividida em três níveis: elementar (elementary school), média (middle school) e secundária (high school). Os Estados Unidos possuem uma população relativamente educada. Estima-se que 99% da população americana seja alfabetizada. Em 2003, havia 77,6 milhões de estudantes frequentando a escola. Destes, 72% entre 12 e 17 anos de idade foram considerados academicamente "no caminho" pela sua idade. 5,2 milhões (10,4%) dos estudantes frequentam escolas privadas. Entre a população adulta, mais de 85% da população americana possui um diploma de segundo grau, e 27% possui um diploma de ensino superior).*

Pois é, para surpresa dos pais de Rebeca o homem era casado e tinha um filho, mas tentou se justificar dizendo que tinha um casamento falido. Esse homem, 12 anos mais velho que Rebeca, logo a recrutou para cama dele. Eles tiveram um caso por 3 anos e os pais não sabiam.

Nesse caso, os pais foram os últimos a saber; era tudo "secreto" e como eles iriam imaginar que ela seria capaz de algo assim. Aos 20 anos Rebeca disse que iria morar com amigas na Virgínia, mas na verdade foi morar com o namorado. Três meses depois ela voltou a Orlando e contou a verdade para os pais, que quase morreram de tanto desgosto, tristeza, decepção, vergonha, tudo misturado. O pai de Rebeca pensou em entregar o ministério pastoral, reuniu a diretoria da igreja para informar a decisão, mas acabou sendo convencido de que ela já era maior de idade e tomava suas próprias decisões.

Um certo dia, quando Rebeca tinha 23 anos, ela telefonou para a mãe e, chorando, contou que estava grávida. Disse que não foi algo programado, que ela estava evitando. A mãe ficou desesperada e levou um tempo para assimilar. Como iria contar para o pai de Rebeca que ela estava grávida? Com essa bomba nas mãos tentou ao máximo poupar o marido, mas quando finalmente contou o que havia acontecido ele desabou, chorou muito e não queria mais falar com Rebeca por telefone. Perto dos oito meses de gravidez, ela pediu pra voltar pra casa porque o relacionamento com o namorado havia acabado. Foi difícil convencer o pai para recebê-la de volta. Mas eles não podiam abandoná-la naquele momento, quando ela voltou para a casa dos pais ela contou as tentivas que namorado havia feito para convencê-la fazer o aborto mesmo estando no oitavo mês de gravidez. Isso foi para ela a gota d'água. Rebeca admitiu que sua rebeldia a tinha levado àquele lugar, tinha feito tudo que eles falaram para ela não fazer, não ouviu os conselhos dos pais, mas uma coisa ela não conseguia fazer; estava consciente que não seria capaz de abortar.

Com muita dor, misturada com alegria, chegou o grande dia da chegada do neto, que trouxe grande alegria ao coração de Sylvia, que agora assumia um novo papel; o de avó. No entanto, algo quebrou dentro do coração do pai de Rebeca; com a chegada do neto, começou uma mudança nada boa no coração dele. Era uma mistura de alegria com tristeza, decepção ver que a família havia sido marcada pelo nascimento de um bebê fora do casamento. Justo na casa dele.

Rebeca era irresponsável. Gastava todo o dinheiro dela, ninguém sabia com o que. As coisas estavam apertadas e Sylvia tentava fortemente penetrar nessa parede que estava erguida entre eles, mas não tinha nenhum sucesso.

O mundo se debatia numa crise econômica violenta no sistema imobiliário (*Considerada por muitos economistas como a pior crise econômica desde a Grande Depressão, a crise financeira de 2008 ocorreu devido a uma bolha imobiliária nos Estados Unidos, causada pelo aumento nos valores imobiliários, que não foi acompanhado por um aumento de renda da população*), e devido a essa crise eles acabaram perdendo casa. Quando tiveram que se mudar e entrar numa casa alugada, o pai de Rebeca, diante dessa crise, bateu o pé e disse que o neto poderia os acompanhar, mas ela não. Sem ter o que fazer, ela deixou que levassem o neto e foi morar de favor com amigos. Tempos difíceis para Rebeca, mas isso iria fazê-la crescer. Como os pais de filhos rebeldes sofrem!

O tempo passou e creio que há muito mais nessas entrelinhas. Rebeca melhorou e amadureceu um pouco, mas um outro homem chegou em sua vida. Ela ficou revoltada porque a mãe não queria conhecê-lo pessoalmente, só o conhecia por fotos. Um dia ela confrontou a mãe e perguntou o por que que ela não queria conhecer o novo namorado, Sylvia teve que dizer a verdade. Pacientemente começou um diálogo entre as duas e Sylvia disse que ela não era só mãe, mas também uma mulher de Deus, com discernimento forte em certos assuntos. Ela "sabia" que aquele homem era mais um problema. Ela simplesmente "sabia". Rebeca não aceitou os argumentos da mãe. Desperdiçou cinco anos de sua vida com aquele homem, que durante aquele tempo foi mostrando que tinha quatro filhos com quatro mulheres diferentes. Quando Rebeca descobriu os segredos daquele homem, ele passou a desrespeitá-la verbalmente. Um dia Rebeca deu um basta e terminou completamente o relacionamento. Ela estava muito ferida.

Tempos depois onde trabalhava, sendo agente de saúde certificada (*Nos Estados Unidos, é necessário que o profissional tenha completado o ensino médio e, depois disso, se inscrever em um programa de enfermagem certificado. O curso, normalmente, é oferecido em faculdades comunitárias e escolas técnicas profissionais. No entanto, para trabalhar como técnico de enfermagem, deve-se passar pelo exame de competência de Certified Nursing Assistant "CNA"*), Rebeca encontrou o ombro "amigo", um homem que estava saindo de uma separação, pai também de 4 jovens. Um foi consolador do outro. Que engano! Dez anos após ter tido seu primeiro filho, ela engravidou novamente. Os amigos aconselhavam Rebeca a fazer o aborto, e mais uma vez ela resistiu. Até tentou o manter o relacionamento mas sem sucesso. Nasceu então a filha de Rebeca, a netinha de Sylvia. Rebeca já estava de volta em sua casa quando a babê chegou. Mesmo não tendo um marido, ela conseguia pagar sua casa, carro e contas. Estava diferente. Finalmente mostrava sinais de amadurecimento. Seu crédito já estava equilibrado (*De acordo com o sistema de crédito americano toda pessoa começa com um Credit Score baixo, e na medida em que esta pessoa adquire dívidas e faz os pagamentos em dia, o crédito dela vai sendo construído aos poucos. Mesmo que você seja uma pessoa que paga todas as contas em dia, mas paga tudo com o cartão de débito, pois não gosta de se endividar, não conseguirá construir um histórico de crédito americano. Além disso, até para conseguir ter um cartão de crédito aprovado é necessário já ter crédito*). Tudo estava indo bem.

A bebê já tinha um aninho, quando tudo mudou drasticamente... Um certo dia Rebeca liga dizendo que estava indo para o hospital com fortes dores, que ela achava que era apendicite. Depois de 9 dias de exames o diagnóstico foi terrível... câncer, estágio 4, nos dutos biliares do fígado (*O câncer das vias biliares tem cura se for diagnosticado nas primeiras fases de desenvolvimento, pois este tipo de câncer evolui rapidamente e pode levar à morte em pouco tempo. O tratamento do câncer das vias biliares mais eficaz é a cirurgia para remover o tumor e gânglios linfáticos da região do câncer, impedindo o seu espalhamento para outros órgãos. Quando o câncer se localiza nas vias biliares dentro do fígado, pode ser necessário remover parte do fígado. Algumas vezes é necessário remover os vasos sanguíneos próximos da via biliar afetada. A radioterapia ou quimioterapia não têm efeitos na cura do câncer das vias biliares, sendo usados somente para aliviar os sintomas da doença nas fases mais avançadas).*

Foram 14 meses de luta. Os pais fizeram tudo que puderam. Ela foi vista por vários médicos em Orlando, Tampa, Texas e finalmente em Jacksonville.

Foram dias e dias de muitas dores, choro e até desespero. Cinco meses depois do diagnóstico ela voltou pra casa dos pais, facilitando o cuidado com ela e com as crianças. Ah! Como foi difícil! Como sempre a comunidade brasileira de Orlando entrou com força total pra ajudar, não era a primeira vez e com certeza não seria a última vez que a comunidade se manifestava, levantando fundos para que todas as viagens e tratamentos acontecessem. Como a família se sentia grata por tudo que a comunidade brasileira estava fazendo, pois no decorrer dos anos vários Serviços Comunitários eram realizados no meio da Comunidade. Esses Serviços contavam e contam com milhares de voluntários que entendem a necessidade de ajudar ao próximo. Esses projetos surgiram na medida em que alguém da comunidade observava a necessidade, e uma ponte era criada entre o necessitado e os que iriam ajudar. Com certeza as doações materiais e financeiras eram de extrema importância, porém, sem o esforço e o tempo dedicado aos necessitados, nada funcionaria, e os recursos não chegariam aos que necessitavam. Por essa razão, nos últimos anos, muitos projetos surgiram dentro da comunidade brasileira e expandiram-se. Eu não posso deixar de mencionar um dos trabalhos voluntários que marcou toda a nossa Comunidade Brasileira, foi a Campanha "For Life for Sarah", que aconteceu de abril a julho de 2011. Uma rede de solidariedade entre igrejas, empresários, mídia e simpatizantes da Sarah abraçaram esta causa e movimentaram-se num esforço único na tentativa de salvá-la através do tratamento com células tronco no Peru (Sarah foi diagnosticada com "distrofia neuroaxoanal"). Eu conto a história de Sarah no livro Sarah Britos Uma História de Amor e Fé (Amazon.com). Tantos outros brasileiros continuam sendo ajudados pela comunidade, e com toda certeza, continua fazendo um belíssimo trabalho.

Durante o período de tratamento de quimioterapia e radioterapia, Rebeca e Sylvia tinham papos longos sobre a vida, assim elas estavam, pouco a pouco, voltando a ser a mãe e filha querida, amigas, e arranjavam tempo para dar boas gargalhadas. Como eram compensadores aqueles momentos. Sylvia fazia de tudo para que esses momentos fossem tempo de qualidade. Ela contava histórias lindas da infância que Rebeca nem lembrava, mas a mãe explicava tudo de forma bem clara e mostrava como Deus havia orquestrado tudo para que eles tivessem bons resultados.

Independente da situação, o câncer é cruel! Sylvia sabia que Deus estava usando aquele processo para que Rebeca tivesse tempo de alinhar tudo antes da partida.

Rebeca era forte e não perdeu peso, a sua pele tinha cor, e ela não perdeu o cabelo, sempre estava otimista. Mas o fim foi chegando sem pedir licença, foi cruel e Rebeca se foi aos 36 anos, deixando um menino de 12 e uma menina de 2 anos.

Muitas pessoas disseram para Sylvia que ela perdeu a filha bem nova, Sylvia tinha certeza que ganhou a filha pra Jesus. Rebeca teve tempo de se ajustar espiritualmente.

Sylvia conta que em um dos últimos dias de Rebeca, ela falava ao telefone com o primo, e dizia que ele deveria voltar para os caminhos do Senhor Jesus porque é só o que se leva dessa vida. Ela disse que já havia refeito sua aliança com Jesus e estava preparada para encontrá-lo. Sylvia ouvia aquelas palavras, faladas com autoridade, e isso lhe dava firmeza e trazia um grande alívio ao coração dela. Esse era o grande consolo que recebia. Acredito que muitas vezes ela deve ter se perguntado: "Como devo fazer para trazer Rebeca de volta para os caminhos do Senhor Jesus?"

Acredito que não foi fácil para Sylvia nos contar todos esses detalhes. E, com certeza, sem esses detalhes talvez faltasse a você, leitor, entendimento e compreensão do quadro final. O que Sylvia faz questão de explicar: -"Não há uma pessoa perfeita, uma família perfeita, uma igreja perfeita! Somos todos imperfeitos! Perfeição só Jesus, só no céu!"

Essa história, assim como a de muitas outras pessoas, não é bonita e perfeita. É dura, dolorida, mas é real. Tudo foi verdadeiro e mostra a vulnerabilidade do ser humano quando decide viver longe dos caminhos do Senhor Jesus. Somos todos frágeis e precisamos desesperadamente de um Deus verdadeiro que nos ama, apesar de nossas imperfeições. Rebeca era imperfeita, pecadora, tinha um lado maravilhoso que foi demonstrado através do número de pessoas presentes no culto de despedida. Uma multidão de amigos que ouviram a breve história de sua curta vida. Talvez sua história seja semelhante, e você tenha se desviado da presença do Senhor Jesus, deixou sua Igreja, não ouve mais a Palavra de Deus.

Sylvia chora a saudade de sua filha! Mas ela entende que Deus tem um plano, e motiva você leitor a não desistir, a manter a fé! Esse mundo não é justo, mas com certeza Deus é justo!

Olhe para sua imperfeição, para a imperfeição de seus filhos, do seu cônjuge, líderes espirituais e entenda de uma vez que Deus nos ama assim como somos e não precisamos usar máscaras, nos esconder e fazer de conta que tudo é bonitinho e que nossa história é um conto hollywoodiano.

Nunca, mas nunca, desista da salvação de seus amados. Estejam como estiverem, ainda existe esperança se estiverem vivos.

Muitas vezes, quando Sylvia olhava para a vida da Rebeca, sentia uma angústia no coração. Rebeca não nasceu rebelde, ela foi uma jovem certinha, convertida, compromissada com Deus e Sua Palavra, por isso Sylvia achava que coisas assim não aconteceriam com sua filha.

Um pastor que Sylvia tinha em Connecticut dizia: "Essa vida é injusta, mas Deus é justo". Nesta vida não podemos esperar por recompensas, porque do contrário seremos todos atropelados por essa vida.

Temos que crer e crer de verdade! Sem esperar retribuições nessa vida. Nosso galardão está no céu. Tudo o que passamos aqui, tristeza, injustiça e etc, será pesado na eternidade. Quando tudo isso for entendido, as dificuldades dessa vida ficam infinitamente mais leves.

É tolice tentar se revoltar contra as autoridades espirituais de nossa vida, sejam elas quem forem. Somos nós que colhemos as consequências da desobediência.

Sylvia com certeza tentou ensinar tudo isso para seus filhos. Ela tentou não só falar, mas também dar um bom testemunho. Quando era jovem e solteira Sylvia foi uma filha obediente e mesmo adulta e casada, com filhos, sempre honrou a opinião de sua mãe (seu pai faleceu quando ela tinha 18 anos). Saibam que os princípios estabelecidos por Deus não são garantia de recompensa aqui nessa terra. Sylvia acredita e afirma que a recompensa viva e linda será desfrutada na eternidade. Ou seja, vale muito a pena ser obediente!

Filhos desobedientes tem verdadeiramente um tempo de vida abreviado. Pelo menos é o que Sylvia vê com a história da sua própria filha. Em Êxodo 20:12 lemos *"Honra teu pai e tua mãe, a fim de que venhas a ter vida longa na terra que Yahweh, o teu Deus, te dá."* O oposto é verdadeiro. Talvez Sylvia estivesse enganada, mas Rebeca decidiu andar por um caminho totalmente contrário aos padrões de Deus e dos limites estabelecidos pelos seus pais. Tudo nessa vida tem consequências e algumas bem drásticas e duras. No fim de seus dias, Rebeca chorou, se arrependeu, mas já não tinha muito tempo para usufruir junto com seus filhos e familiares.

Sempre haverá uma chance para o arrependimento, tomar decisões e mudar drasticamente os acontecimentos de nossa vida. Outra coisa importante é salientar que mesmo diante de um quadro "feio", marcado pela imperfeição, há também o resgate maravilhoso, ainda que na undécima hora, assim como foi com o ladrão da cruz que pediu perdão e foi perdoado por Jesus.

Essa vida é assim, cheia de curvas fortes, descidas perigosas e ladeiras íngremes, mas que nos fazem ir em frente até chegarmos no nosso destino final. Que Deus nos abençoe para continuarmos nossa caminhada. E que possamos ser maleáveis e dóceis nas mãos do Oleiro, até o nosso dia final.

Assim como a Sylvia, eu também ja passei pela dor da perda, minha filha foi diagnosticada com "distrofia neuroaxonal", foram 9 anos e meio de luta. Acreditem, só quem já perdeu alguém próximo sabe a dor e a confusão emocional que é lidar com essa ausência. Vários sentimentos (como tristeza, raiva, saudade, frustração, impotência, solidão) se misturam em uma coisa só, que chega a doer fisicamente. Como é difícil aceitar esse sentimento, enfrentar a perda não é negá-la. Nessa fase, é importante dialogar com boas amizades. Em média o processo de luto dura basicamente um período entre três meses a um ano, podendo chegar a até dois anos. Se a tristeza não diminui e o indivíduo não consegue retomar a vida, sentindo-se infeliz todo tempo, o problema se torna um luto patológico (*No luto patológico pode ser visto muitos sinais característicos da depressão como a tristeza, a apatia, o desinteresse por atividades que antes lhe davam prazer, insónias, perda de apetite. Neste sentido, verifica-se a necessidade de haver um acompanhamento especializado de um psiquiatra ou psicoterapeuta /psicólogo).*

Viver o luto é importante para que a pessoa possa encontrar forças para continuar e para se adaptar à nova realidade de sua vida.

"Meu desejo para você que está lendo este capítulo, através da minha experiência de vida, é que você entenda que o amor de Deus vai muito além de nossa imaginação. Muito além daquilo que podemos conceber. Também precisamos entender que Deus ama, tem misericórdia, nos dá graça, mas Ele também é um juiz justo. Quando Ele julga uma causa, o julgamento é justo. Por isso temos que ter responsabilidade por nossas ações e palavras".

Sylvia.

CAPÍTULO 15
PERMISSÃO PARA SOFRER

"Sejamos como carvalho, que desafia o tempo, enfrenta tempestades e permanece imponente aos obstáculos da vida." (Erika Stancolovich)

Sandra nasceu em São Paulo capital e é formada em Letras pela PUC-SP. Desde sua vinda para os EUA dedica-se a ajudar a comunidade imigrante.

Em 2001, eu tive o privilégio de conhecê-la através da Igreja Nova Esperança-Orlando. Nossa amizade foi se estreitando quando a Sarinha recebeu o primeiro Diagnóstico e, a partir dessa jornada, Sandra passou a ser nosso "anjo", nos acompanhava em toda consulta médica, mesmo as fora de Orlando e foi assim que nos adotamos como "irmãs do coração". Uma amizade incondicional nasceu entre nós, nossas famílias se uniram por uma causa. Como família trabalhavamos auxiliando-a na realização do Dia do Apoio ao Brasileiro. Esse trabalho de atendimento à comunidade tinha uma parceria com o Consulado-Geral do Brasil em Miami e foi realizado por 10 anos na comunidade brasileira de Orlando através da Igreja Presbiteriana Nova Esperança.

Sandra fundou o Centro Assistencial Nova Esperança-Orlando onde desenvolveu os Projetos de Língua Portuguesa entre eles o Projeto Cultural Brasileirinhos na Flórida. Com a Sandra eu iniciei meu trabalho no projeto Português como Língua de Herança, projeto que atuo até hoje.

Logo após a partida da Sarinha, eu estava enlutada e desorientada e Sandra, com objetivo de me ajudar, me chamou para fazer trabalho voluntário no projeto. Eu aceitei mas foi um período difícil para mim durante o qual ela me ajudou muito. Às vezes eu chegava lá no projeto e chorava muito, ela me oferecia tempo de qualidade, me ouvia, orava comigo, realmente era a minha "irmã do coração", ela me entendia. Sandra foi tudo que eu precisava naquela fase. Acompanhou minha fase do luto e juntas iniciamos a jornada da escrita do meu primeiro livro, no qual ela escreveu um capítulo onde conta sua jornada com a nossa família.

Sandra foi Coordenadora do Conselho de Cidadãos da Flórida, do qual fez parte desde a sua fundação em 2013 encerrando seu mandato em 2017. Sandra tem dois filhos, Jonathan, Engenheiro Mecânico, e Nicholas que está servindo o Exército Americano, como paramédico, e um lindo netinho, Noah.

Atualmente Sandra vive na cidade de Pompano Beach-FL, é Secretária Executiva de uma organização sem fins lucrativos, a Global Assistance Foundation, cuja missão é erradicar a fome, a pobreza e o analfabetismo e formação de lideranças de pessoas sem privilégios no Haiti e na Amazônia-Brasil.

Com mais de 10 anos de experiência trabalhando com a comunidade brasileira, Sandra continua dedicada a ajudar a sua comunidade através de aconselhamento. Seu alvo é cuidar de famílias, jovens e crianças para nutrir suas emoções, recuperar sua dignidade, autoconfiança, fortalecer relacionamentos e promover o crescimento pessoal de cada membro para viverem uma vida em abundância. Sandra também é fundadora da Bridges to the World.

Sandra não desistiu e seguiu em busca de seus sonhos, formou-se em Aconselhamento pelo Asbury Theological seminary na área de Pastoral Counseling e Terapia para Familia, Casais e Individuos.

Quando eu a convidei para fazer parte desse projeto, ela aceitou imediatamente, eu não tinha dúvidas, afinal uma boa amiga entende o verdadeiro valor de uma amizade, é para vida toda. Assim é a nossa amizade, "para a vida toda".

Talvez pareça um tema negativo, mas este capítulo é dedicado a todos aqueles que sofrem em silêncio em uma era em que não há espaço para desabafo, para manifestar o luto e a dor de quem perdeu um ente querido, de quem passa por um crise profunda ou uma enfermidade.

No decorrer de nossas vidas passamos por perdas e ganhos. Perdas financeiras, trabalho, carro e casa, por exemplo, são processos temporais e que podem ser recuperáveis. Os mais despreendidos reagem com facilidade e os mais apegados aos bens materiais sofrem e tem sérias dificudades em assimilar tais provas.

Mas quando se trata da perda de um ente querido, mais precisamente de um filho ou uma filha, como foi compartilhado em alguns capítulos deste livro, a coisa muda de figura. No curso natural da vida o certo seria os filhos enterrarem seus pais, e parece ser inaceitável que pais enterrem seus filhos. A dor é imensurável e irreparável.

No seu mais profundo significado, de acordo com Arnold e Gemma (1994), a "perda tem outros significados para além do fluxo natural da vida. Ela também significa ser roubada, despojada, desnudada. Sofrer perda muitas vezes significa se submeter a privação, a ser esgotado, separada, querendo o que perdeu e faltando o que se tinha. Perda pode significar não ter mais tempo, ter ido embora para sempre. A perda pode evocar sentimentos de terror (pag. 5)". O luto para muitos pode ser um processo contínuo e até mesmo nunca ser recuperado.

A pergunta que fica é: o que podemos fazer com nossas perdas, o que fazer com os sentimentos? Neste século em que vivemos, embora aceite-se a manifestações dos sentimentos de perdas por um período determinado, geralmente eles são coagidos a serem expressados em particular, armazenados nas profundezas das nossas experiências. Na frieza e individualidade deste mundo, as pessoas que sofrem são isoladas ou evitadas.

A psiquiatra Elizabeth Kubler-Ross (1969), dentro da abordagem da Terapia Cognitiva Comportamental descreveu cinco fases mentais e emocionais deste processo de luto (*):

1- Negação: negar a existência do problema, a perda ou situação ocorrida a fim de evitar o choque ou adiar o fato de encarar uma realidade cruel. Entretando, ela dura um período apenas, porque entrará em conflito com a realidade.

2 – Raiva: expressa-se a ira, ressentimento, geralmente culpando Deus ou outra pessoa como causadores do sofrimento, como resultado de uma frustração quando nos deparamos com a realidade. Além disso, nessa etapa, procura-se culpados, transfere-se a dor da perda para o causador, seja Deus, seja um médico, seja um membro da família ou, na forma mais trágica da morte, o assassino;

3 – Negociação: acontece geralmente dentro do próprio indivíduo, como uma ficção, às vezes voltada para a religiosidade, uma ocupação, um causa etc, criando-se assim, uma fantasia para fingir que se está no controle da situação, e fica-se imaginando soluções para ter o ente querido de volta. Esta fase, entretanto, é breve pois não se enquadra na realidade;

4 – Depressão: trata-se de profundo sofrimento, desânimo, culpa, introspecção e necessidade de isolamento. Esta é uma fase que pode durar anos senão a vida toda se a pessoa não buscar uma ajuda externa. É a fase em que se depara com a dura realidade, o tempo presente com uma sensação de vazio, porque há a consciência de que o ente querido não está mais nesta terra. Há uma idéia de que este sentimento de tristeza e melancolia não terá fim;

5 – Aceitação: ocorre quando as emoções já não estão mais à flor da pele e a pessoa está pronta para enfrentar a situação com consciência das suas possibilidades e limitações. É uma fase necessária para reorganizar as próprias idéias, e se ajustar à nova realidade. O traço que a dor emocional do luto causa vai se extinguindo com o tempo. Aos poucos a alegria e prazer vão voltando ao normal.

Este processo não é linear, pode-se superar ou voltar para alguma fase e não há um tempo específico para a transição entre as frases. O importante é que as pessoas ao redor do indivíduo enlutado devem respeitar cada fase, sem cobranças ou pressão.

Apoio de parentes, amigos mais chegados, entidades religiosas são significantes neste processo de luto. Quando se perde um filho, é necessário direção, assistência, ajuda até mesmo psicológica para desenvolver os mecanismos e habilidades para enfrentar o amanhã. Há grupos de apoio que são benéficos e ajudam as pessoas a identificarem suas emoções, a expressar seus sentimentos de forma segura e ao mesmo tempo se sentirem validados e fortalecidos.

Trabalhar com famílias em luto é uma experiência muito especial. Nós nos aproximamos das pessoas na maior tragédia de suas vidas. Nós tratamos feridas que nunca serão totalmente curadas e que causam uma dor infindável. Entretanto, trabalhar com estas pessoas é um meio de expressar a nossa humanidade e nos faz compreender a nossa própria vulnerabilidade.

"A base para trabalhar com famílias enlutadas é o nosso carinho e atitude abertos e nosso desejo de ouvir, compreender, apreciar e aceitar sentimentos e experiências. Nenhuma pessoa está melhor preparado para lidar com famílias enlutadas do que outra. Dor e perda não são o foco de qualquer disciplina. Na verdade cada um de nós possui algo único para oferecer. Nós oferecemos a nós mesmos. O ato de cuidar, o compartilhamento de própria humanidade é que vai fazer a diferença". (Arnold e Gemma).

Há um outro fator que devemos levar em consideração quando nos deparamos às adversidades. A forma que cada um encara a vida, os problemas ou relacionamentos é marcada pela sua identidade, pela sua história, cultura, criação e espiritualidade. Cada um de nós temos um ponto vulnerável que precisa ser tratado.

O mundo é feito de escolhas e a superação em cada desafio é como um espelho no retrovisor do seu carro. Você decide se vai focar no que ficou para trás e perder de vista o horizonte à sua frente, ou apenas usar o seu passado como referência, trazendo à memória o que lhe dá esperança.

"Quero trazer à memória o que me pode dar esperança. As misericórdias do SENHOR são a causa de não sermos consumidos, porque as suas misericórdias não têm fim; renovam-se cada manhã. Grande é a tua fidelidade. A minha porção é o SENHOR, diz a minha alma; portanto, esperarei nele". (Lm 3:21-24).

eles; não ache que seja a única pessoa que passa por crises. Não leve em consideração as postagens de "feliciadade" e "vida boa" que possa ver nas midias sociais.

- Se você encontrar dificuldades em abrir seu coração, ou acha que não está sendo compreendido talvez pela falta de experiência de pessoas que estão ao seu redor, busque ajuda profissional. Se for necessário, ou se for o caso, peça para seu cônjuge, ou alguém de sua confiança lhe acompanhar.

Segue também outras orientações práticas para amigos e famílias:

- Procure oferecer o máximo que puder apoio emocional. Isso pode ser mostrado através da sua presença, de um cartão de encorajamento, um pequeno presente, entre outros. A tendência de muitos é afastarem-se por não saberem o que falar ou como agir nestes momentos difíceis. Saiba que a sua presença, mesmo no silêncio, mesmo oferecendo seu ombro ou ouvido, fará toda a diferença. Mas faça isso com amor, sem julgamento ou opiniões formadas. Apenas vista o "sapato do seu próximo" e procure compreender a sua experiência de uma forma neutra.

- Permita que a pessoa que esteja passando por uma crise, fale, desabafe, conte sua história, repita, questione... tudo isso faz parte do processo. Não se preocupe em dar conselhos, apenas reforce os pontos fortes que a pessoa tem e manifeste sua solidariedade.

- Sempre que for possível, esteja pronto a ajudar, em situações de burocracia, questões legais pertinentes à pessoa falecida, ou, no caso de um enfermo, auxiliar na visita ao médico ou hospital. São nesses momentos que a sua presença pode encorajar e motivar a pessoa a enfrentar os obstáculos.

A religião ocupa um papel vital na vida de pessoas e familias ao longo da vida, especialmente em tempos de crises, perdas e enfermidades. Os estudos atuais sobre religião e saúde mental ou bem-estar psicológico, em sua maioria, sugerem um impacto positivo da fé sobre a saúde mental do indivíduo. Hoje já não existe a separação ou um pre-conceito da psicologia contra a religião.

Num mundo aonde predomina um marketing pessoal de sucesso, a auto promoção de uma vida saudável e próspera, e métodos de superação de crises infalíveis; onde a cultura da beleza e perfeição é evocada em todas as mídias sociais e, não há muito espaço para ouvir a voz de pessoas que lutam pela sobrevivência de uma enfermidade, mulheres mutiladas durante o tratamento de um câncer de mama, mulheres e crianças que sofrem violência doméstica, problemas de relacionamento, crises financeiras entre tantas outras dificuldades.

Haverá dias sombrios, nos quais poderemos duvidar se Deus realmente esta trabalhando em nosso favor. Parece que Ele se escondeu de nós. Ficamos decepcionados com Ele. Isso é uma reação comum quando atravessamos um deserto. Rev. Jeremias Pereira, escreveu a respeito do "não" de Deus: *Quando o milagre não vem, corremos o risco da descrença, da revolta. Quando o milagre não vem, a depressão ronda e idéias de suicidio oportunistas querem infeccionar nossa alma(...) Quando o milagre não vem, passamos por uma montanha-russa emocional e existencial e a paz de Deus some do coração".*

Alguns conselhos práticos podem ajudar a aliviar a dor durante a crise. O mais importante de todos é não isolar-se, não achar que seu valor é menor do que os que estão ao seu redor. Não permita que a vergonha, o embaraço o/ a impeça de buscar uma alternativa saudável para superar as dificuldades.

- Não esconda seus sentimentos. Permita-se viver o luto, o choro, a raiva. São reações normais diante de acontecimentos inesperados;

- Procure viver o presente, um dia de cada vez. Quanto mais focarmos no passado, nos momentos que já se passaram, maior será a dor e a tristeza e, consequente, levando à depressão. Não pense no futuro, no que vai acontecer com você. O futuro está fora do nosso controle e isso pode gerar medo e ansiedade. Foque no presente, no que você pode fazer ou vivenciar, valorizando as pequenas coisas e os momentos preciosos com a familia ou amigos.

- Compartilhe seus sentimentos e anseios com familia e amigos. Não pense que estará trazendo um incomodo, ou sendo um peso para

"... fé é algo que anima afetivamente as pessoas, um comportamento que faz o indivíduo se sentir motivado a atravessar uma situação de grande dificuldade, por exemplo. Independente de crenças, a fé faz com que a pessoa tenha esperança que algo melhor estaria por vir, muitas vezes as decisões são encorajadas pelo fato de se ter fé, esperança e acreditar em algo, fazendo assim, com que tenha a motivação de sempre seguir em frente." (Geysianne Marquezólo – Psicologiasdobrasil.com.br)

Muitos terapeutas permitem ou oferecem um ambiete onde o cliente tenha espaço para expressar a sua fé, ou até mesmo recomendam grupos terapêuticos oferecidos por entidades religiosas. São muitas opções de grupos de apoio na área emocional, entre eles: Grief Share, Divorce Care e Cebrate Recovery.

Às vezes, ou na maioria das vezes, a fé em Deus é tudo o que a pessoa que está passando por uma crise tem. Com permissão, compartilho uma frase de Delores Kuenning, a qual afirma em seu livro Helping People Through Grief: "De todos as pessoas que exercem uma crença, os Cristãos são de fato os mais felizes! A fé Cristã nos proporciona uma esperança única. Ela nos dá significado ao sofrimento, vitória sobre a morte e a promessa de uma vida além da sepultura".

"Deus nunca desperdiçou uma lágrima de seus filhos. Tudo que passamos nesta vida coopera para o bem daqueles que seguem o seu propósito, até que nossa missão nesta terra se cumpra. Ele é fiel para completar a boa obra que começou em nós. Todas as estórias mencionadas neste livro foram estórias escritas com lágrimas, mas cujos autores se tornaram resilientes e compartilham para que através da experiência de cada um você, leitor, possa se fortalecer, aumentar a sua fé e esperança, e acreditar que a sua estória com certeza causará um impacto na vida de seu próximo."

Sandra Rufca Veiga.

Referências:

http://www.griefshare.org/

http://www2.uol.com.br/vyaestelar/tcc_perda_luto.htm

Arnold, Joan & Gemma, Penelope (1994). A CHILD DIES. A Portrait of Family Grief. The Charles Press Publishers.

Kuenning Delores (1987) Helping People Through Grief

Gomes dos Anjos, Wildo (2004) – Como Enfrentar o Sofrimento.

Made in the USA
Columbia, SC
17 December 2021

51319622R00115